石垣の名城

完全ガイド

城郭考古学者
奈良大学教授
千田嘉博 編著

The New Fifties
講談社

写真：畠中和久

観音寺《かんのんじ》城の野面《のづら》積《づ》み石垣　観音寺城平井丸には自然石を積んだ石垣がひっそりと残る。(44ページ)

名古屋城の打ち込みハギ

写真：畠中和久

名古屋城本丸石垣。石の接合部分を加工して隙間を減らしたことで、野面積みより高く積むことができた。(36ページ)

名古屋城本丸石垣の拡大。右は乱積み、左は布積みと、積み方が異なる。後世に、左側部分が布積みに積み直された痕跡である。

江戸城の
切り込みハギ

江戸城天守台の石垣（南面）。切石を隙間なく積んだ。石のひとつひとつにノミ加工が施され、美しさを追求した石垣の姿。角石のヒビや欠けは、幕末の火災で熱劣化したもの。(28ページ)

写真：畠中和久

ほぼ同様の形の石を隅部に積んだ、重ね積み。

名護屋《なごや》城の重ね積み

名護屋城旧本丸石垣の重ね積み。大きさや形が似た石を隅部に積んだ。（68ページ）

丸亀《まるがめ》城の算木積み

丸亀城の三の丸高石垣。扇の勾配の隅部は、長辺・短辺を交互に積んだ。（126ページ）

隅部に直方体に加工した石を互い違いに積んだ算木積み。

熊本城・加藤清正時代の石垣

大天守北面の石垣。地震被害による修理で小天守石垣をはずしたところ、清正時代の石垣が現れた。小天守石垣に隠れていたため、雨風にさらされることなく、清正が築いた当時の姿を残す。隅部を重ね積みにしていたのがよくわかる。小天守石垣の修理が完了したら見られなくなってしまうため、貴重な写真である。（116ページ）

金沢城

多様な石垣を一度に見られる楽しさ

DATA
所在地／石川県金沢市
築城年／1580（天正8）年
築城者／佐久間盛政
主な遺構／石川門、三十間長屋、鶴丸倉庫、石垣など

前田家の石垣を知るには歴史をたどる必要がある

金沢城は北陸を代表する巨大城郭で、前田家100万石の居城でした。城に隣接した兼六園《けんろくえん》は、近世の大名庭園としてよく知られています。

金沢は、七尾《ななお》城（石川県）があった七尾市など奥能登《おくのと》への玄関でもあります。北陸新幹線が開通して加賀《かが》と能登は一層身近になりました。

1583（天正11）年に能登に加え加賀の石川郡・河北《かほく》郡の領主になった前田利家は金沢城に入城し、翌年から工事をはじめました。

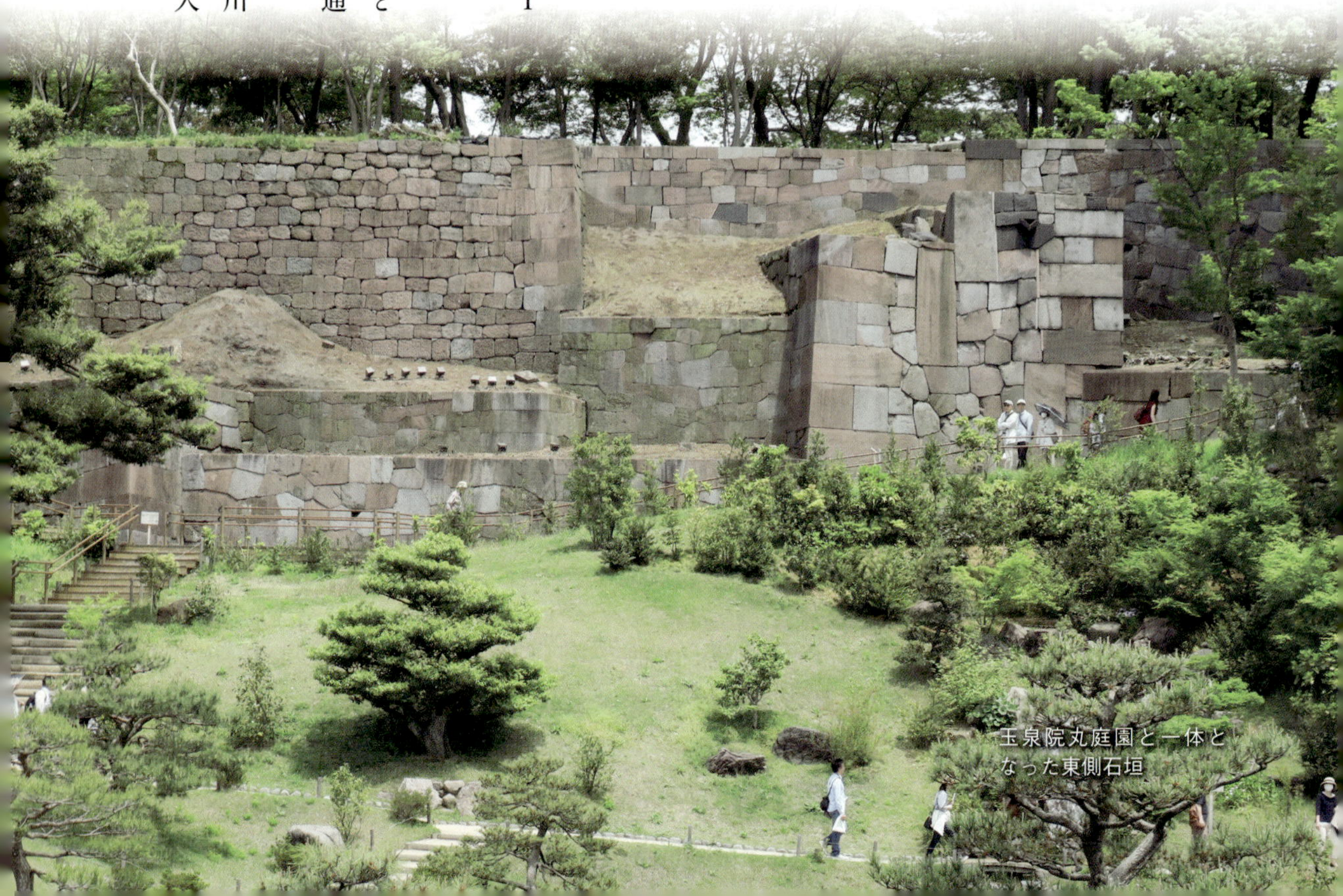

玉泉院丸庭園と一体となった東側石垣

１５８６（天正14）年に利家が天守建設のために鉄を送るよう指示していることから（「天正十四年前田利家印判状」石川県立歴史博物館蔵）、この頃までに本丸の土木工事を終え、建築工事に取りかかっていたことがわかります。翌１５８７（天正15）年に金沢城を訪れた南部《なんぶ》氏の家臣北信《きたのぶ》愛《ちか》は天守で接待を受けています。金沢城は天守をはじめ主要な殿舎《でんしゃ》が完成していました。

現存する金沢城の主な石垣

時期	年代	藩主	主な石垣
1期	文禄頃（1592～1596年）	①利家	・本丸東面の高石垣 ・丑寅櫓下
2期	慶長頃（1596～1615年）	②利長	・本丸南面 ・三ノ丸河北門 ・新丸尾坂門 ・辰巳櫓南東隅
3期	元和頃（1615～1624年）	③利常	・本丸東面下段 ・東ノ丸付段東面
4期	寛永頃（1624～1644年）	④光高	・本丸北面 ・本丸南面申酉櫓下 ・石川門枡形内東面
5期	寛文～元禄頃（1661～1704年）	⑤綱紀	・玉泉院丸東側 ・薪ノ丸 ・二ノ丸北面
6期	宝暦～安永頃（1751～1781年）	⑩重教 ⑪治脩	・石川門の枡形石垣 ・本丸鉄門
7期	享和～文化頃（1801～1818年）	⑫斉広	・石川門菱櫓下 ・橋爪門

『よみがえる金沢城　2　―今に残る魅力をさぐる―』（石川県金沢城調査研究所編）をもとに作成。

城内には、加賀藩祖・前田利家の像が。

利家は金沢城主になる前に能登の七尾城を居城にしていました。七尾城を訪ねると本丸周辺に戦国時代の畠山《はたけやま》氏の石垣だけでなく、利家入城以降に前田氏が整備した石垣を多く見つけられます。利家は織田信長の小牧山《こまきやま》城（愛知県）や岐阜城（岐阜県）、そして安土《あづち》城（滋賀県）を熟知し、それらの石垣工事の手伝いもしたと思われます。

利家は金沢築城にあたって当時最先端の石垣をつくる知識と技術をもっていたのです。だから金沢城を訪ねると、利家時代の石垣をたくさん見られると思われるかもしれません。ところが金沢城には、天正期（１５７３～１５９２年）にさかのぼる創建期石垣はひとつも残っていません。

七尾城桜馬場の石垣は、前田氏によるものと言われている。

増改築や火災をきっかけに金沢城のかたちが変わっていったため、利家の金沢城創建期石垣は失われ、利家や前田家の本当の初期石垣は、金沢城以前の七尾城を歩かなければ見られません。金沢城は多様な石垣を一度に見られる「石垣の博物館」とされます（石川県金沢城調査研究所）。しかし前田氏の石垣づくりの全貌を知るには金沢城を見るだけではなく、歴史をたどってさらにほかの城を訪ねる必要があります。金沢城を見学した先に、はじめて見えてくる石垣の歴史があるのです。そうした奥の深さが城歩きの楽しさです。

金沢城の石垣は石川県金沢城調査研究所が７つの時期に区分しています。この研究に従って各時期の石垣の変遷を詳しく見ていきます。

なお石垣の時期区分の年代観は、考古学的な石垣の積み方の分類を主に文字の史料からわかる石垣工事の時代と対応させたもので、金沢城以外の城にそのままあてはめることはできません。また今後の調査によって、年代観を修正する可能性があります。

1期 自然石を用いた野面積み

実際に金沢城に残るもっとも古い石垣は、１５

92～1596年にかけた文禄期頃の石垣です（1期石垣）。1592（文禄元）年に文禄の役のために出陣した利家は、金沢城に残した息子の利《とし》長《なが》に本丸の高石垣を築くように命じました。このとき築いたと思われるのが本丸東面の高石垣で、長さ106メートル・高さ20メートルという驚くべき規模のものでした。

この文禄期の石垣は自然石を積み上げた「野面《のづら》積《づ》み（104ページ）」でした。石垣のコーナー部分「隅角部《ぐうかくぶ》」は長細い石の長辺を互い違いに積んだ「算木積《さんぎづ》み（110ページ）」を意図していました。ただし文禄期にはまだ完全な算木積みになっていませんでした。また隅角部の石材には、自然石のほかに切石《きりいし》も一部用いました。

城内でもっとも古い、本丸東面の高石垣の北端、丑寅櫓下の石垣。

さて現地で文禄期の1期石垣を眺めると、「築《つき》石《いし》（100ページ）」と呼ぶ、石垣を構成した主要な石と石の間に大きな隙間があって、力強くても粗野な印象を受けるかもしれません。

確かに現状では隙間の多い石垣ですが、当初は築石の隙間を「間詰《まづめ》石（102ページ）」でていねいに充填していたと考えられます。だから不揃いな自然石を積んでいても、本来は隙間をしっかり埋めていて、現在のイメージと大きく異なる平滑な石垣面になっていたと復元できます。

現状は長い間に石垣の修繕が行き届かず、間詰石が抜けてしまった姿なのです。金沢城で見られる石垣ではこの1期石垣が最古ですが、古い時期の石垣が残っていても、すべてが当時のままと考えては、正しく石垣の変遷史をつかんだとはいえないのです。

2期 完成された算木積み

1596～1615年の慶長期頃に築いたのが

自然石・切石：自然石は、加工していない石のこと。切石とは、採石した石を用途に合わせて切ったもの。

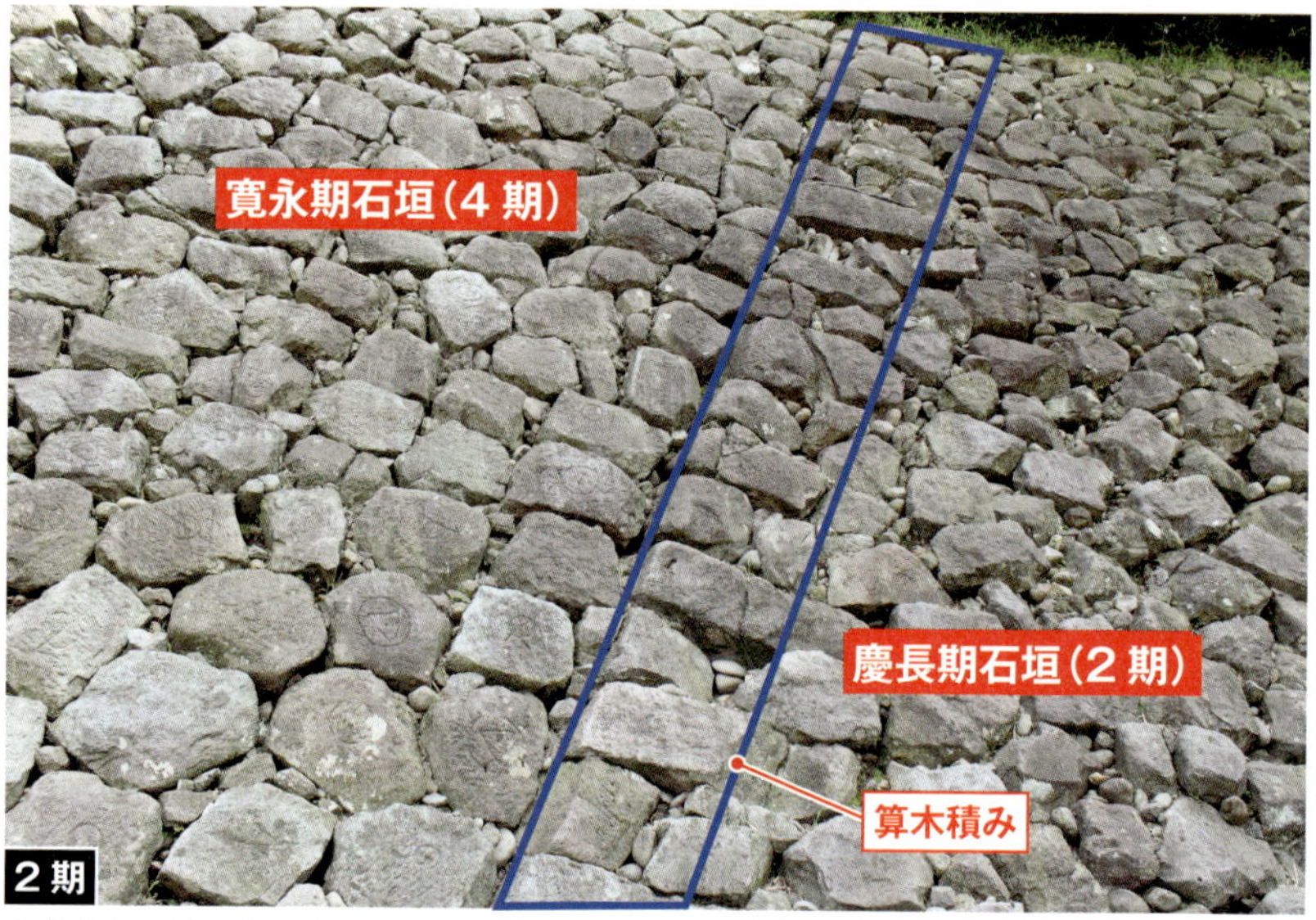

本丸南面西端の申酉櫓下の石垣。算木積みの左側は、寛永期に継ぎ足した。

2期石垣でした。2代藩主の利《とし》長、3代藩主の利常《つね》が積ませた石垣でした。本丸南面石垣、辰巳櫓《たつみやぐら》南東隅石垣、新丸尾坂《おさか》門、三ノ丸河北門などに見られます。

　この時期には石垣の隅角部は完成した算木積みになっていました。算木積みにした角石《すみいし》は特に大きく、また長方形になるよう加工していました。

本丸南面西端の申酉櫓《さるとりやぐら》下では、慶長期（2期）石垣に寛永期（4期）の石垣を継ぎ足した境目のラインが見られます。

　この部分はひとつづきの同じ石垣面に見えますが、石垣の中に斜めになった角石が立ち上がっていくので、接合部を発見できます。現地で算木積みを探してみてください。

　2期石垣の築石は自然石に加えて、粗加工した割石を用いていました。石材のかたちと大きさに基準を設け、石の積み上げを容易にするとともに、美しい石垣になるようくふうしたのです。

　新丸尾坂門の北櫓台石垣には、意図的に巨石を石垣に組み込んだ「鏡石《かがみいし》（112ページ）」が見られます。出入り口の石垣に巨石を用いて、城主の権威を見せつけようとしました。

3期　ノミ加工で石の表面を整える

　1615〜1624年にかけた元和《げんな》期に積んだと考えられる石垣です。百間堀《ひゃっけんぼり》に面していた本丸東面下段石垣などに見られます。3期石垣で築石はすべて粗加工の割石になり、割石の表面を整え

割石：人工的に割った石垣の築石を呼ぶ。

たノミ加工も部分的に行いました。
　算木積みはさらに精緻になり、算木積みの角石の長辺とその上下に積んだ短辺の長さを「角脇《すみわき》石《いし》」で揃えようとしたのもこの時期の特徴でした。

4期 本丸から二ノ丸主体の城へ

　4期石垣は1624〜1644年の寛永期に築いた石垣でした。1631（寛永8）年に金沢城は大火に見舞われ、石垣を含めて大改修を行う契機になりました。この火災による改修によって、金沢城は従来の本丸を中心とした城から、二ノ丸の藩主御殿を実質的な本丸とした城へと大転換しました。

　最も高いところにある本丸ではなく、二ノ丸を城の求心的な構造の頂点につくりかえた改修によって、金沢城全体の城郭プランにねじれが生じました。現在見る金沢城の縄張《なわば》りが、織豊系城郭《しょくほうけいじょうかく》として不自然で、ちぐはぐさが目立つのは、この改修が原因でした。

　寛永期石垣は城内の各所に残っていて、二ノ丸から石川門にかけた石垣は基本的にこの時期のものでした。

百間堀跡沿いの本丸東面下段石垣。角脇石は、算木積みで積んだ短辺の角石の、隣の石のこと。

石川門枡形内東面の石垣。石に刻印が残る。

縄張り：曲輪《くるわ》の配置を決める、城の平面設計のこと。

石材の加工技術が進み、間詰石は相対的に少なくなりました。築石に大型の刻印を施すものが多く見られるのも特徴でした。算木積みの角石の加工度はさらに上がり、築石には精緻に石を切断して表面をノミで仕上げた切石を、場所を選んで使用するようになりました。

5期 石垣が芸術作品に

1661〜1704年の寛文〜元禄期にかけて築いたのが5期石垣でした。この時期は5代綱紀《つなのり》の藩主時代で、技術の粋を凝らした美しい石垣をつくらせました。

玉泉院丸《ぎょくせんいんまる》の滝組みを中心にした「色紙短冊積《しきしたんざくづ》み」石垣は、この時期を代表した事例です。四角くあるいは亀甲形に精密に切った石材を隙間なく積み上げ、石材の配色にもこだわりました。「色紙短冊積み」や、薪《たきぎ》ノ丸に見られる「金場《かねば》取残し積み」など独特な石垣名称をつけていますが、特に記憶する必要はありません。

これらは、いわゆる「切り込みハギ（104ページ）」石垣の布積《ぬのづ》み（106ページ）の一種でした。また算木積みの隅角部の上下に連続した削り込みのラインを入れて、より美しく見せようとしたのも、この時期からでした。

城郭石垣が野面積みから切石を積んだ石垣に変わっていくのは全国的な流れでした。しかし金沢城のように、城内の石垣を芸術作品として仕上げていった城はほかになく、特筆に値します。

特に色紙短冊積みなど、玉泉院丸東側（二ノ丸側）に見られる5期石垣の美しさは、継続的な発掘調査にもとづいて再現した玉泉院丸の庭園とみごとな調和を見せて、一見の価値があります。

石垣は土留《どど》めや強固な城郭建築を城壁の上に建てることを目的にはじまり、城主の権威を示す象徴的な役割も担いました。しかしそうした軍事と権威のために選択してきた石垣を、芸術の領域まで引き上げた前田家と加賀の文化が、5期石垣を眺めると深く感じられます。

玉泉院丸はライトアップもされますので、日中はもちろん、夜間にライトアップされた庭園と石垣を改めて見学するのは、すてきな歴史体験だと思います。ひがし茶屋街をはじめとして、金沢には夜にも訪ねるべき名所が多くあります。金沢城の石垣ナイトツアーも、お城好きにはとても魅力的です。

織豊系城郭:「織豊期」とは、文化史の「安土桃山時代」に対応した政治史の時代区分。織豊系城郭は、信長や秀吉・家康の城と、それら天下人の城に影響を受けた城。

玉泉院丸東側の石垣。色紙短冊積みは、「色紙」という正方形の石と「短冊」という長方形の石を用いた、美しさを重要視した積み方。V字形の石樋は、二ノ丸から引いた滝水が落ちる仕掛けで、往時はさぞ雅やかな雰囲気だったろう。

ライトアップされた玉泉院丸庭園。

薪ノ丸の石垣。金場取残し積みは、石同士が接する、石の縁部分のみをきれいに整えた積み方。石の中央部分をあえて整えなかったので荒々しい印象になる。

6期 大火からの石垣改修

1751～1781年にかけた宝暦～安永頃に築いたのが6期石垣でした。1759（宝暦9）年に起きた宝暦大火によって、金沢城はふたたび大きな被害を受けました。城内のほとんどの建物が焼け落ち、その高熱で石垣石材は熱劣化が起き、破断したものが多くありました。

6期石垣はきわめて精密な切り込みハギ石垣の布積みで、有名な石川門の枡形《ますがた》石垣もこの時期のものでした。

火災後に改修した石川門の枡形石垣。

7期 4期・5期への復古を目指して

1801～1818年にかけた享和《きょうわ》～文化頃に築いたのが7期石垣でした。この時期の石垣は4期・5期石垣への復古を目指したもので、華美な石垣ではなく質実な石垣を目指しました。

その特徴は石川門菱櫓《ひしやぐら》下や橋爪《はしづめ》門の石垣によく表れています。切り込みハギの高石垣で、力強さと美しさを兼ね備えた石垣でした。このように金沢城の石垣を現地にたどると、それぞれの時代に石垣への思いがあり、石垣の変化は人びとの心を反映したのだと実感できます。

切り込みハギで積んだ橋爪門の石垣。

枡形：四角い形を枡形と言うが、城では曲輪の出入り口に設け、門と密接関係にあった四角い空間のこと。枡形に進入した敵には側面攻撃ができた。枡形出入り口には、城門を２カ所に築いた。

「金沢城中総絵図」
（石川県立歴史博物館蔵）

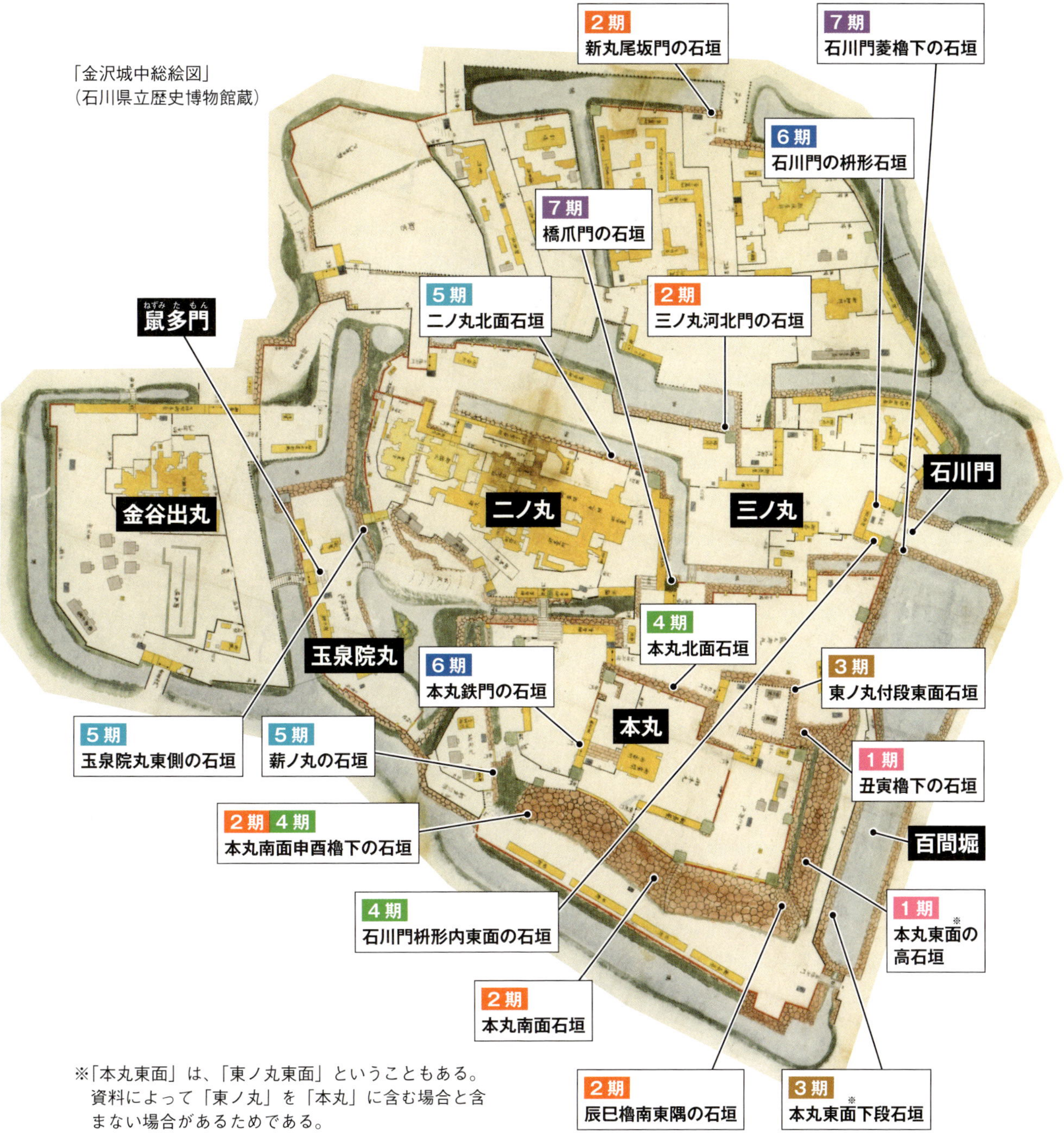

※「本丸東面」は、「東ノ丸東面」ということもある。資料によって「東ノ丸」を「本丸」に含む場合と含まない場合があるためである。

名古屋城大天守台北面石垣。経年劣化などにより、内側から圧迫され、石垣に変形が見られる。今後の修復が検討される。

石垣ニュース！

進む石垣の調査

戦国・江戸時代にできた石垣は、経年劣化や自然災害などによるダメージで、修復が必要になってきます。その際に必要となる技術は日々進歩しています。

秘伝から選定保存技術へ

石材を切り、運び、積む技術は長らく「秘伝」でした。しかし文化財としての石垣調査や修理が重ねられるなかで、「秘伝」を科学的に把握し、理解できるようになってきました。

現在では、卓越した伝統技術にもとづく石工の技は、「文化財石垣保存技術」として文化庁の選定保存技術に位置づけられています。選定保存技術保持者と、姫路市立日本城郭研究センターに本部を置く、文化財石垣保存技術協議会が選定保存技術団体になって、伝承者養成事業や技術の保存・伝承を推進しています。

科学の力で調査と修理をサポート

石垣の修理は、伝統的な技術にもとづくのが原則です。そして修理の前提として、石垣を正しく理解することが重要です。石垣の現状や健全性はどうか、石垣の修理歴、石垣の変形部位と変形理由、解体修理の必要性とその場合の解体範囲などの点に留意して

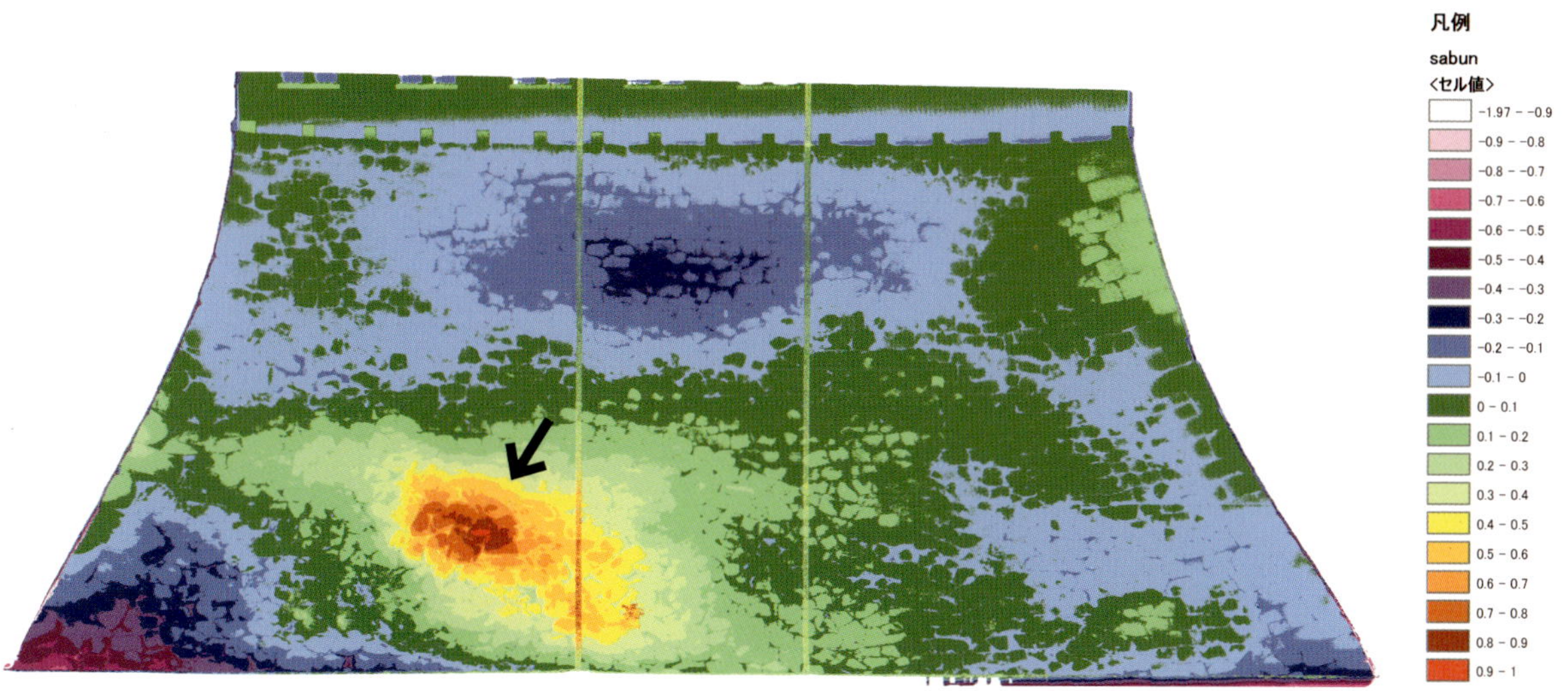

名古屋城大天守台北面石垣のレーザー測量解析図。矢印で示した部分の色があきらかに異なり、変形を確認できる。

石垣の診断を行い、最適な修理方法を決定します。

従来は石垣立面の写真測量図をもとに、現地で検討を行っていましたが、今日ではレーザー測量による3次元図を製作し、大規模修理に必要な様々なデータを、すばやく正確に把握できるようになりました。

レーザー測量によって石垣の3次元形状を的確に可視化して把握できるようになったので、石垣のどの部分がどの程度変形しているかを、感覚ではなく計量的に分析できるようになりました。

この結果、最適な修理工事を計画・実施できるようになったのです。また、修理後に計画どおりに石材をもとの位置に戻せたかも検証できます。

崩れた石垣も正確な位置に戻せる

東日本大震災や熊本地震による城郭石垣被害から、石垣を適切に管理する重要性が改めて認識されました。

そうした課題についても石垣のレーザー測量成果や石垣の写真をもとに、コンピュータのディープラーニングによって、石垣を構成した一つひとつの石材を自動識別できるようになっています。この技術によって万が一地震で石垣が崩れても、どの位置に積み直したらよいかを的確に判定できるようになりました。

また石垣にしばしば見られる刻印（37ページ）も、レーザー測量から自動抽出でき、分析技術が飛躍的に進みつつあります。

名古屋城大天守台北面石垣。レーザー測量のデータから石材を自動識別して番号付けしたもの。万が一崩落した場合でも、適切な位置に積み直す手がかりが得られる。

このように最先端のデジタル技術を石垣の理解や修理に活用することで、文化財としての石垣がもつ本質的価値をしっかりと保全できるのです。文理融合の石垣調査と修理は、今後さらに進化していきます。

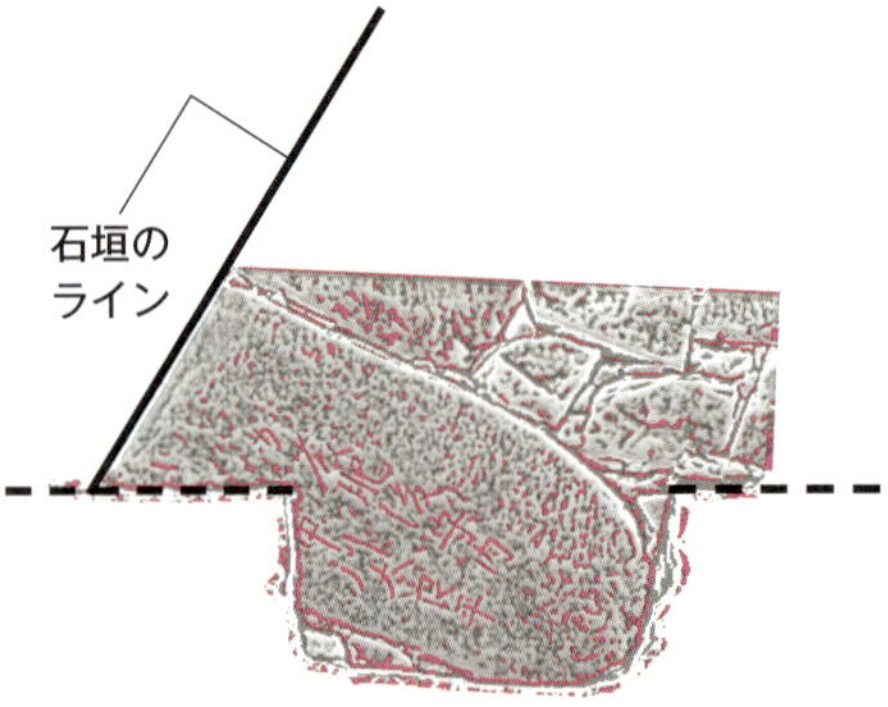

名古屋城大天守台南西角石の刻印を自動抽出した図（左）。石に彫った文字「加藤肥後守内中川太良（郎）平」を、よく確認できる。上はもとの石垣写真。

（画像提供：パスコ）

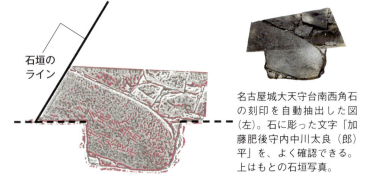

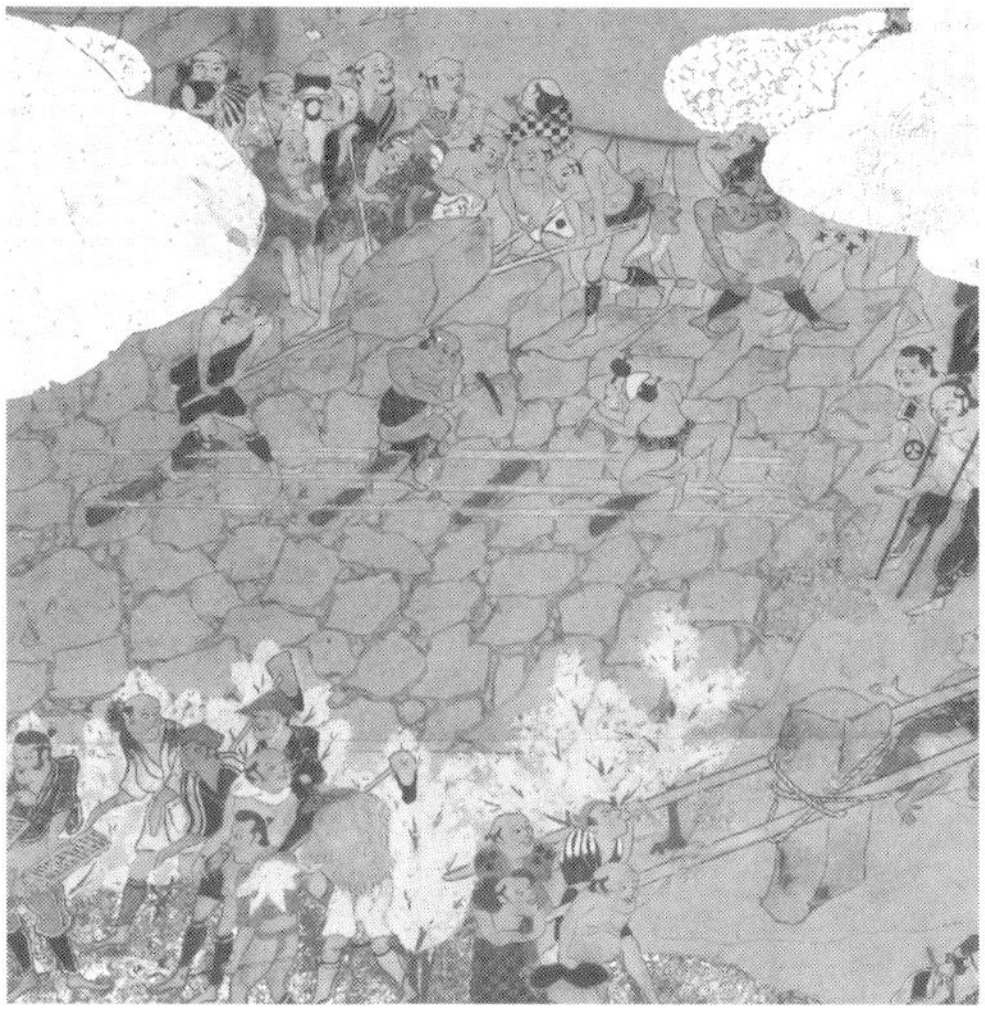

究極のお城ファンの方を
石垣探訪へいざないます。

はじめに

城はいろいろな魅力をもっています。そびえる天守や櫓に心を奪われているという人は、とても多いでしょう。私も城の建物にときめいて城好きになりました。お城ファンの第一段階は、かなりの確率で天守や櫓に関心をもつことからはじまります。しかし城歩きを重ねていくと城郭建築だけではなく、堀や石垣にも興味が湧いてきます。お城ファンの第二段階です。そしてさらに城好きを深めていくと、天守はもちろん櫓や門も残っていない、石垣や土塁だけの城を訪ねて楽しめるようになります。究極の、お城ファン第三段階です。

本書は天守や櫓といった建物も好きだけど、石垣についてさらに知りたいみなさん、そして石垣の城が大好きなみなさんに向けて記しました。城の本はたくさんあります。しかし石垣に絞って最新の研究成果と、日本各地の城の見どころをまとめた本は、これまでなかったと思います。

近年になって城郭石垣の理解は飛躍的に進歩しました。三次元レーザー測量を城郭石垣の調

査に取り入れるようになって、石垣の現状や危険度を的確に把握できるようになりました。そして日本各地の城郭石垣の大規模な解体・修理が進んで、表面に見える石だけでなく裏込石《うらごめいし》（栗石《ぐりいし》）や背面土《はいめんど》といった石垣の構造もわかってきました。本書ではそうした最新の調査方法や研究成果を、写真や図面とともに最大限取り入れました。

いま、日本の伝統的な石垣職人の技《わざ》は、文化庁の「選定保存技術」となり、文化財石垣保存技術は石垣の解体・修理に不可欠な技術と位置づけられています。私たちは、伝統技術にもとづき次の世代に文化財として城郭石垣を伝えるだけでなく、大地震に備えてより強く、安全な石垣にしていくことが求められています。石垣の研究は過去に向かうだけでなく、未来に向かう学問なのです。

本書によって多くの方が、日本の城郭石垣の奥深さにふれてくださり、改めて城の魅力を見つけてくださったらと願っています。

千田嘉博

大坂城南外堀の石垣

目次

『石垣の名城　完全ガイド』

●本文中で使用した城名や場所の名前は、公式のホームページや公的機関による書籍などの名称にそろえた。

石垣の基礎知識

【写真協力】
日本の城写真集　http://castle.jpn.org/
あきおう（城めぐりチャンネル）　https://akiou.wordpress.com/

【写真・史料協力】
滋賀県立安土城考古博物館、石川県立歴史博物館、伊東市、宇和島市教育委員会、遠鉄アシスト株式会社、大阪城天守閣、沖縄県教育委員会『みんなの文化財図鑑〈史跡・名勝編〉』、小田原城総合管理事務所、九州歴史資料館、清須市、熊本城総合事務所、群馬県教育委員会、公益財団法人伊賀文化産業協会、神戸市、神戸市教育委員会、国立公文書館、佐賀県立名護屋城博物館、篠島観光協会、佐野市教育委員会、滋賀県教育委員会、下関市教育委員会（勝山御殿跡調査報告書）、小豆島町役場、高松市、高松市石の民俗資料館、竹田市教育委員会、千代田区教育委員会、津山市教育委員会、中津市教育委員会、今帰仁村教育委員会、名古屋市博物館、七尾市教育委員会、萩市観光課、函館市教育委員会、彦根観光協会、姫路市、弘前市、びわ湖大津観光協会、福岡市、福知山市、北海道松前町教育委員会、松江市立松江歴史館、松山城総合事務所、丸亀市教育委員会、読谷村、若桜町教育委員会

全国おすすめ 石垣の名城36……122

編集協力／株式会社スリーシーズン（永渕美加子）
執筆協力／株式会社かみゆ歴史編集部（滝沢弘康）、有限会社三猿舎（安田清人）
装幀／山原　望
本文レイアウト／株式会社シーツ・デザイン（島田利之）
イラスト／平松ひろし

【参考文献】

『江戸始図でわかった「江戸城」の真実』千田嘉博、森岡知範著／宝島社、『NHK テレビテキスト 趣味工房シリーズ　直伝　和の極意　体感・実感！にっぽんの名城』千田嘉博講師／NHK 出版、『城館調査ハンドブック』千田嘉博、小島道裕、前川要著／新人物往来社、『織豊系城郭の形成』千田嘉博著／東京大学出版会、『戦国の城を歩く』千田嘉博著／ちくま学芸文庫、『日本の城事典』千田嘉博監修／ナツメ社、『NHK テレビテキスト 趣味どきっ！ お城へ行こう！～名将の素顔をお城が“語る”～』千田嘉博講師／ NHK 出版、『石垣普請（ものと人間の文化史　58）』北垣聰一郎著／法政大学出版局、『石垣整備のてびき』文化庁文化財部記念物課監修／同成社、『よみがえる金沢城２―今に残る魅力をさぐる―』石川県金沢城調査研究所編集／石川県教育委員会、『江戸築城と伊豆石』江戸遺跡研究会編／吉川弘文館、『織豊権力と城郭　瓦と石垣の考古学』加藤理文著／高志書院、『刻印石で楽しむ三大名城の石垣物語』菅野良男著／新人物往来社、『日本の美術　№.403　城の石垣と堀』田中哲雄編纂／至文堂、『城のつくり方図典』三浦正幸著／小学館、『歩いてわかる！　江戸城の秘密』原史彦監修／洋泉社

分析！

石垣の名城7選

権威の象徴として用いた石垣や、石垣による防御のくふう、石垣築造のドラマなど、石垣の見どころは城によって様々です。石垣の魅力が尽きない代表的な7城を解説します。

江戸城

巨石を多用した天下人の城

DATA

所在地／東京都千代田区
築城年／１４５７（長禄元）年
築城者／太田道灌
主な遺構／富士見櫓、大手門、天守台、石垣など

江戸時代を通じて何度も改修した石垣群

現在は「皇居」という名称で親しまれている江戸城は、江戸時代を通じて徳川将軍家の居城であり、かつ幕府の政庁でした。そのため江戸城の城域は日本一の広さを誇っており、石垣もまた天下の城たる巨大さと格式を備えました。

江戸城は室町時代に、扇谷《おうぎがやつ》上杉氏に仕えた太《おお》田《た》道灌《どうかん》が築城しました。その後、１５９０（天正18）年に関東移封を命じられた徳川家康が入城しますが、１６０３（慶長８）年の江戸開府以前はまだ土づくりの城でした。江戸開府後、家康は全国の諸大名に命じて大改修を行い（天下普請《てんかぶしん》）、家康・秀忠・家光の3代にわたる工事を経て、石垣づくりの城へと生まれ変わりました。

それでは現在見ることができる石垣を江戸時代初期に築いたのかというと、その点は注意が必要

土づくりの城：石垣をもたず、土塁や堀などで守った城。

江戸城の天守台は、巨大な切石を惜しみなく使った圧巻の石垣。

です。江戸城は何度も大火災にあっており、その都度石垣も改修したため、いつの時代に築いたのかは正確にはわかりません。例えば、本丸に向かう汐見坂周辺の白鳥《はくちょう》濠高石垣は家康時代の石垣といわれることもありますが、記録に残っているわけではなく推測にすぎないのです。

大手道に用いた石垣の変化

全国の諸大名が登城する江戸城には、将軍の格を高め大名らを威圧すべく、巨大な石材を用いました。中でも城の正門である大手門から、大手三の門、中之門、中雀門《ちゅうじゃく》を抜けて本丸へと至る登城ルートの石垣は、訪れる人を圧倒するような巨石によって築きました。

例えば、中之門を見てみましょう。綺麗な長方形に成形された石材が、切り込みハギ（104ページ）によってほぼ隙間なく積まれました。築《つき》石《いし》（100ページ）は大きいもので高さ1・7メートル、幅5メートルを超え、重さも35トンに達します。江戸城の石材の多くは伊豆半島から運んだものですが、瀬戸内海産の白くて美しい花崗《かこう》岩《がん》（御影石《みかげいし》）なども用いました。江戸城内では、

天下普請：「普請」とは城の土木工事のことで、石垣や土塁の工事のこと（天守や御殿などの建設工事は「作事」）。天下普請は、天下人が権力によって諸大名に城を築かせたこと。例えば江戸幕府による江戸城や名古屋城、大坂城などがあった。

天守台にも花崗岩を用いましたが、これは城の主要な部分に使う築石は見た目が重視され、上質な石材を使ったことを意味しました。

また、中之門の石垣には銅製の「契《ちぎ》り」を用いたことが、解体修理によって判明しました。契りとは築石と築石を連結させ、地震などの際に石垣がズレたり崩落したりするのを防いだくふうでした。中之門の石垣は１７０３（元禄16）年の大地震で崩れた翌年、修復工事を実施しましたが、その時点での最新技術を用いたのでしょう。

江戸時代初期に再築した徳川大坂城の主要な出入り口には、幕府の権威を誇示するため巨大な「鏡石《かがみいし》」（１１２ページ）を設置しました。同時期の江戸城にも鏡石があったと推測されますが、そ

家康から３代家光の時代まで続いた拡張工事

年	城主	おもなできごと
1456(康正2)年	太田道灌	江戸城を築城開始
1457(長禄元)年	太田道灌	江戸城完成。太田道灌が入城
1590(天正18)年	徳川家康	徳川家康が関東移封になり江戸城に入城
1592(天正20)年	徳川家康	家康が江戸城を修築
1593(文禄2)年	徳川家康	西の丸が完成。本丸、二の丸、三の丸の工事に着手
1603(慶長8)年	徳川家康	家康が江戸で幕府を開く。水路工事に着手
1604(慶長9)年	徳川家康	拡張工事に着手
1605(慶長10)年	徳川秀忠	徳川秀忠が２代将軍になる
1607(慶長12)年	徳川秀忠	５層から成る大天守が完成
1614(慶長19)年	徳川秀忠	おもに西国大名が担当し、本丸、二の丸、三の丸の石垣工事に着手
1616(元和2)年	徳川秀忠	家康死去
1623(元和9)年	徳川家光	秀忠が隠居し、徳川家光が将軍になる。天守と天守台を改修する
1629(寛永6)年	徳川家光	惣構えの拡張工事を開始
1636(寛永13)年	徳川家光	江戸城工事の総仕上げのため、全国の大名に普請を担当させる
1637(寛永14)年	徳川家光	天守台石垣や天守が完成し、全築城が完了
1639(寛永16)年	徳川家光	出火により本丸御殿焼失
1640(寛永17)年	徳川家光	本丸御殿再建
1657(明暦3)年	徳川家綱	江戸城、江戸城下が火事に見舞われる（明暦の大火）。西の丸以外の天守、本丸御殿などがすべて焼失
1659(万治2)年	徳川家綱	本丸御殿、二の丸櫓、三の丸櫓、門を再築
1838(天保9)年	徳川家慶	西の丸より出火。御殿、門、長屋が焼失
1839(天保10)年	徳川家慶	西の丸御殿、門、長屋を再築
1844(弘化元)年	徳川家慶	本丸御殿、大奥などが焼失
1845(弘化2)年	徳川家慶	本丸御殿を再築
1852(嘉永5)年	徳川家慶	西の丸御殿、大奥焼失
1859(安政6)年	徳川家茂	本丸御殿焼失
1860(万延元)年	徳川家茂	本丸御殿を再築
1863(文久3)年	徳川家茂	本丸、二の丸が焼失。二の丸の再築に着手したが、本丸は再築されなかった
1868(慶応4)年		江戸城開城

惣構え：城下を囲った、土塁や石垣などの防御施設。時代によってとらえ方が異なるが、近世城郭の惣構えは、都市全体を囲んだものを指した。

江戸城内でも最大級の石を使っている中之門。大名たちの登城路にある重要な門だったので、巨石を隙間なく積んで将軍の権威をアピールした。

大手三の門も巨石を隙間なく積んだ。徳川御三家以外の大名が、ここで駕籠を降りたので下乗門とも。

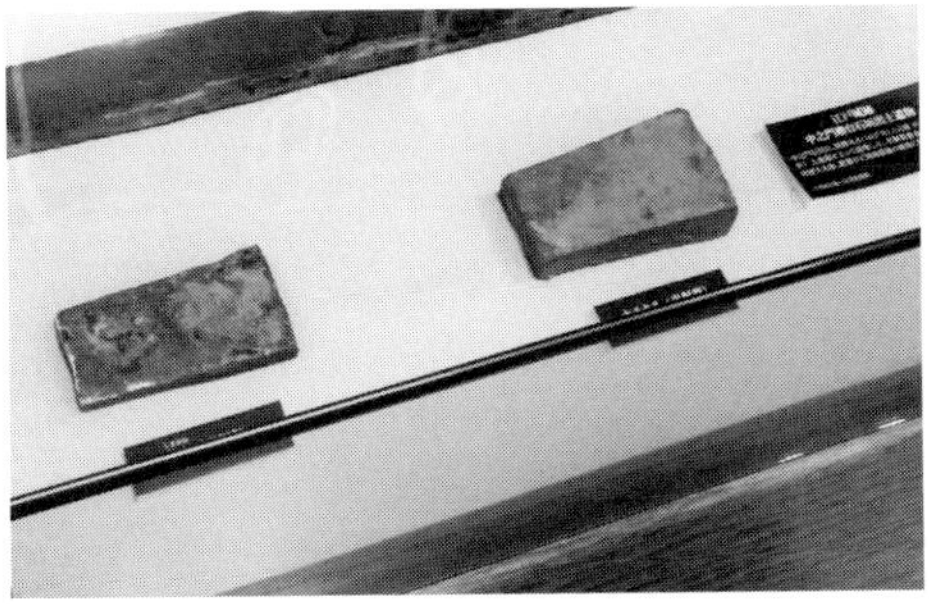

経年劣化が見られたため、中之門では2005（平成17）年から解体・修復工事を行った。そのとき見つかったのが銅製の「契り」。現在は日比谷図書文化館（東京都）に展示されている。

れが現在に残っていないのは、石垣が江戸中期以降に改修され、その頃は鏡石から巨石の切り込みハギへと石垣の見せ方が変化したことを示しています。

　こうした変化は、江戸城特有のものといえるでしょう。江戸初期に幕府が発布した「武家諸法度」では、大名の新たな築城と改修を禁止し、修理も原状復帰しか認めませんでした。しかし法の制定者だった幕府の城である江戸城のみ、城の大規模な増改築を行いました。石垣に当時最新の技術を反映したのも、そうした背景があったからです。

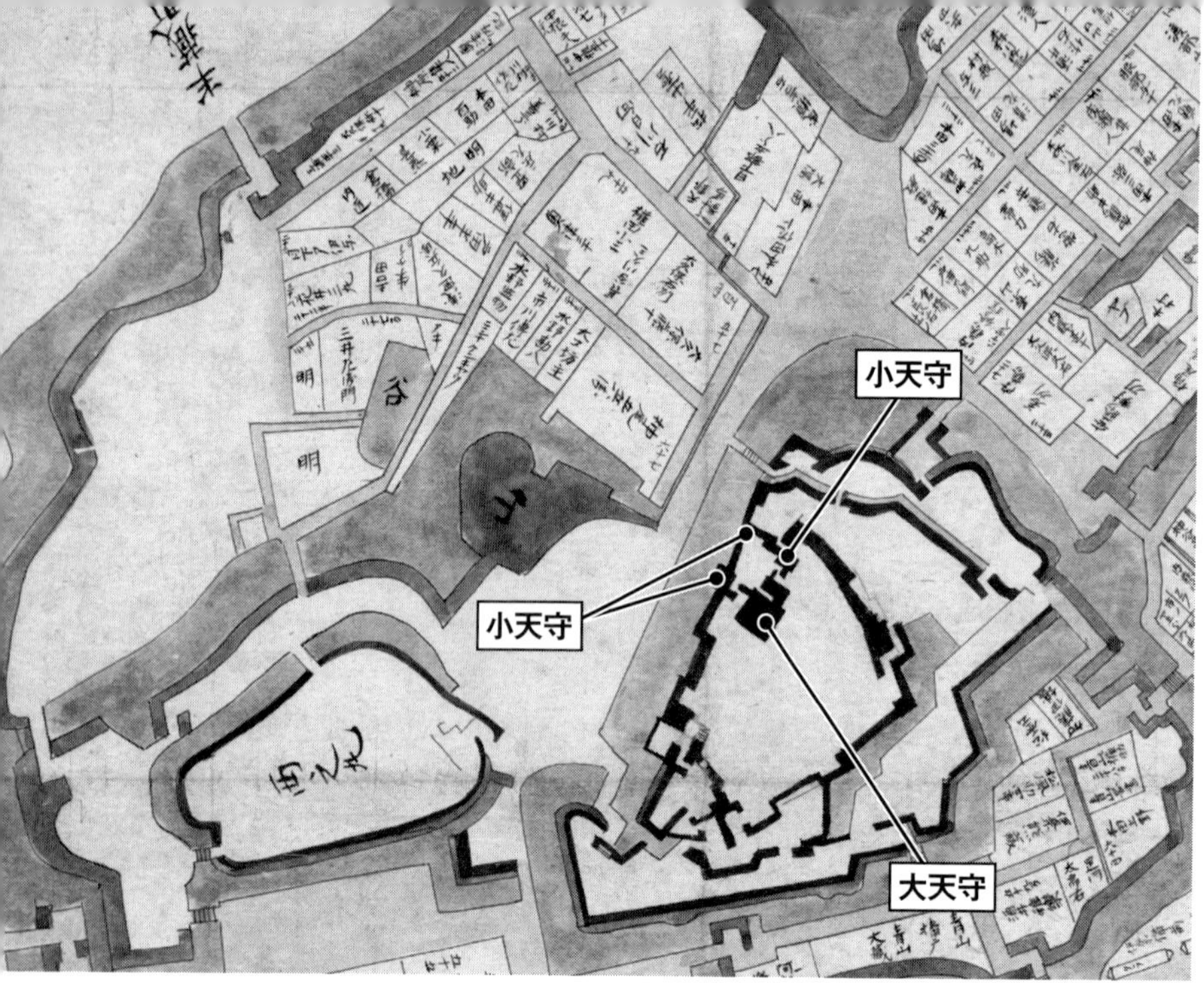

現在の天守台石垣は、独立式天守の構造だが、「江戸始図」（松江歴史館蔵）により、家康の慶長期天守が連立式天守ということが判明した。そのほか「江戸始図」では、石垣の箇所が黒く塗りつぶされているので、家康時代の石垣の位置も読み取れる。

築かなかった幻の4代目天守

さて、現在の本丸は広々と開放的な公園になっており、北側に巨大な天守台が残っています。この天守台の上には4代目天守を建造する予定でしたが、それは幻に終わりました。

江戸城の天守は、家康・秀忠・家光とその代替わりごとに建て替えました。それぞれ、「慶長期天守」「元和《げんな》期天守」「寛永期天守」と呼び慣わしています。家康時代の慶長期天守の構造は長らく謎でしたが、松江歴史館が所蔵した『極秘諸国城図』内の「江戸始図《はじめず》」によって、現存国宝である姫路城の天守群をさらに巨大化したような、連立式天守であったことが判明しました。その後、秀忠が元和期天守、家光が寛永期天守を建造。寛永期天守は高さ約58メートルという城郭史上ではもちろん、木造建築としても世界最大級の建造物でしたが、明暦の大火（振袖火事）によって灰燼に帰しました。4代将軍・家綱《いえつな》はすぐに天守再建に着手し、前田家に命じて天守台を築かせましたが、天守再建よりも城下の復旧や都市整備を優先し、結局4代目天守を建てることはありませんで寛永期天守の焼失後、切石で精緻に積んだ4代目天守台。東西約41メートル、南北約45メートル、高さ11メートルの大きさを誇るが、この上に天守は築かなかった。

天守付近の石垣は天守台出入り口に付いた枡形だった。石が所々黒いのは、寛永期天守の石材を流用したから。

井戸

寛永期天守台では、黒っぽい伊豆石を使用したが、火災後の再建で白っぽい花崗岩（御影石）に。御影石は高級な石とされた。

1863（文久3）年の火災で焼けた跡が、天守台東面に生々しく残っている。

天守台に上がるスロープ入り口付近には、金明水《きんめいすい》と呼ぶ井戸が。この井戸の囲い石材にも契りが見られる。

した。

現在に残る天守台を見ると、白く巨大な花崗岩の切り込みハギで積んでいます。隅の算木積《さんぎづ》みは稜線側を少し上げることで、見た目にも美しく隙間も生じない完璧な積み方となっています。なお、天守台の東面には火災跡が残りますが、これは１８６３（文久３）年の本丸御殿の全焼によるもので、同じ火災で生じた痕跡を中雀門の石垣にも見ることができます。この火災後、本丸御殿は再建されないまま明治維新を迎えました。

江戸城の石垣は石垣技術の歴史を知れる

江戸城の石垣では、その表面にも注目してみましょう。よく見ると、表面にノミで施した縦線や凸凹が確認できます。こうした石垣の仕上げを「化粧」といい、縦筋や斜めに筋を付けることを「すだれ仕上げ」、細かく打ち欠くことを「はつり仕上げ」と呼びます（１１３ページ）。江戸城の汐見坂付近には、ひとつの築石にすだれとはつりの両方がなされている箇所があるので探してみましょう。なお、石垣の化粧は見た目を美しくするためといわれていますが、積んでいく過程でひと

ノミ加工を施した汐見坂付近の石垣。

土塁を強化し、石材の使用量をおさえた、鉢巻石垣と腰巻石垣。

つの築石がわずかに飛び出してしまった場合、その石も含めて全体をノミで削れば表面が平らになるので、石垣の表面や石積みのラインを整えるために発展した技術かもしれません。

江戸城ではまた、桜田濠や半蔵濠の鉢巻《はちまき》石垣、腰巻《こしまき》石垣も見逃せません。鉢巻石垣は土塁の上部に、腰巻石垣は土塁の下部に築いた石垣のことです。江戸城の西に続く台地と城域を断ち切るために、掘削工事によって大規模な水堀と土塁を築きました。この土塁には鉢巻石垣と腰巻石垣が伸びており、鉢巻石垣には塁線の際に塀や建物を建てられるようにした役割が、腰巻石垣には土塁の裾が崩れるのを防いだ役割がありました。一方で石材の節約にもなりました。東日本の城には石垣づくりの城が多くありませんが、その理由は、石材の調達が難しかったからでした。しかし、江戸城は、鉢巻石垣や腰巻石垣の部分も含めて全面的に石垣を築いており、東日本の城としては異例の規模の石垣でした。

以上見てきたように、江戸城の石垣には多くの特色がありました。江戸城の石垣を見ることで、江戸時代の石垣技術の歴史を知ることができます。

名古屋城

大名たちの刻印が数多くのこる

DATA
所在地／愛知県名古屋市
築城年／1610（慶長15）年
築城者／今川氏
主な遺構／西南隅櫓、東南隅櫓、西北隅櫓、表二之門、石垣など

日本を代表する近世城郭

「尾張名古屋は城でもつ」と『伊勢音頭』にうたわれた名古屋城は、今も市民に親しまれる、東海地方を代表する観光地です。大天守と小天守を橋《きょう》台《だい》でつないだ連結式天守や、原位置に原寸大で復元した本丸御殿など、見どころは豊富です。

しかし名古屋城で注目すべきは建物だけではありません。地形を活かして理論的に築いた縄《なわ》張《ば》り

（城の設計）を体感してこそ名古屋城を理解したといえます。名古屋城はわが国を代表する近世城郭として、遺跡の国宝である特別史跡に指定されています。本来の天守群や本丸御殿などほとんどの建物を失ってなお、名古屋城が特別史跡に指定されているのは１６１０（慶長15）年から工事をはじめた堀や石垣がよく残り、わが国の近世城郭としてもっとも優れた縄張りをもったからです。

つまり名古屋城を本当に理解するには、堀や石垣が構成した城の縄張りをつかむことがとても大切なのです。本丸御殿を見学し、天守を眺めて名古屋城を見たつもりになるのは、とてももったいないと思います。

石垣刻印から見た名古屋築城

戦国時代まで尾張の政治的中心地は清須城（愛知県）でした。しかし尾張を治める徳川義直《よしなお》の家臣は多く、清須城では城の周囲にすべての家臣屋敷を配置できませんでした。そして城下を囲った防御施設・惣構《そうがま》えからは町屋があふれ出ていました。そうした問題を解決するため徳川家康は、１６０９（慶長14）年正月に名古屋築城を計画し、翌１６１０（慶長15）年正月頃から西国の大名を中心に土木工事を助役させた「天下《てんか》普請《ぶしん》」で工事をはじめました。

工事を分担した大名は20にもおよび、石垣築造の工区（丁場割）は複雑に入り組むように設定しました。このため諸大名はそれぞれ石材に目印の刻印を刻んで、石材をめぐる争いを防ぎました。現在でも名古屋城の石垣に数多くの石垣刻印が見られるのは、このためです。また大名たちは、それぞれの石切場から石材を運んできたので、場所によって石材が異なるのを観察できます。

しかし今も観察できる刻印を手がかりに、当時

普請に参加したおもな大名

大名	居城	石高
前田利常	金沢城	120万石
池田輝政	姫路城	52万石
加藤清正	熊本城	52万石
黒田長政	福岡城	52万石
福島正則	広島城	50万石
細川忠興	小倉城	40万石
浅野幸長	和歌山城	38万石
鍋島勝茂	佐賀城	36万石
毛利秀就	萩城	33万石
田中忠政	柳川城	33万石
山内忠義	高知城	20万石
加藤嘉明	松山城	20万石
蜂須賀至鎮	徳島城	19万石
生駒正俊	高松城	17万石
寺沢広高	唐津城	12万石
稲葉典通	臼杵城	5万石

近世城郭：本丸に城主が住み政治を行った空間をつくり、その本丸を中心に階層的に家臣や町人の屋敷地が続く、求心的な構造をもった城。織田信長の安土城が最初の近世城郭。石垣や天守をもつ城のイメージがあるが、これらをもたない城も多かった。

の石垣工事の大名ごとの工区を完全に復元できると考えてはいけません。名古屋城の石垣は創築期のままではなく、江戸時代や近代以降に修理を受け、石材の位置が移動しているところもあるからです。江戸時代や近代に行った宮内省や陸軍省、あるいは名古屋市の修理では、文化財としての石垣の理解は今日とは異なっていたので、個々の石材をもとのように積む意識はありませんでした。ですから、ある石垣ではいくつもの大名の刻印が混じり合うという奇妙な現象が起きています。イメージとして、石垣は動かないように思いますから、石垣の工区を示した絵図や古文書が間違っていると考えたくなります。しかし石垣は長い年月のなかで修理を経ていて、創築期のものが必ずしもそのまま残っている訳ではないのです。

石に刻んだ目印の刻印

名古屋城で見られる刻印にはさまざまな種類があります。多くは記号や単純な文字を刻んだものの

石に刻まれた、前田利常の刻印。

たくさんの刻印が刻まれた石垣。

大天守台 北東角石

「加藤肥後守内小代下総《しょうたいしもうさ》」と刻まれている。「小代下総」は、一緒に工事を担当した加藤清正の家臣の名前。

大天守台 南西角石

「加藤肥後守内中川太良平《たろべえ》」の「加」の字が修理の際に削られ、見えなくなってしまった。

です。例えば前田利常《としつね》は「三串団子」「卍」「⊠」などの刻印を用いました。黒田長政《ながまさ》は「た」「十」の刻印を使いました。

工事に関係した大名や担当者の名を刻んだものもあり、田中忠政《ただまさ》の石垣には「た中ちくこ守石」（田中筑後守《ちくごのかみ》石）の銘文石が、蜂須賀至鎮《はちすかよししげ》の石垣には「阿波守《あわのかみ》内　いきくミ」「蜂須賀内山田織部助」の銘文石があります。

また石材の持ち主を示した刻印とは別に、「一」「二」「三」など、工事の際に間違いがないよう石材を何段目に積むかを示した刻印もありました。現在はほとんど失われていますが、墨書も広く使っていました。石垣の解体修理に伴って、墨あるいは朱墨で文字や記号を記した石材が見つかっています。大天守地下（穴蔵）の内面石垣に実例が見られました。

加藤清正が築いた大小天守台石垣

名古屋築城にあたって加藤清正は、特に願い出て、大・小天守台を独力で築きました。その証拠が石垣刻印にも残っています。大天守台石垣の北東角石《すみいし》には「加藤肥後守内小代下総」、大天守台南西角石には「加藤肥後守内中川太良（郎）平」を２ヵ所、小天守台石垣の南西角石には「加藤肥後守内新美八左衛門尉」などの銘文を実見できます。

清正をはじめとした助役大名は豊臣恩顧と考えられた大名で、つまり徳川と豊臣との戦いが起きれば、豊臣秀頼《ひでより》に味方するのではないかと家康から疑われていました。そうしたなかで徳川の拠点になる名古屋城の大・小天守台石垣に、これほど堂々と、自分の名と実際の工事を分担した重臣の名を刻んだ清正の豪胆さには驚きます。また名古屋城内にはほかに大名とその家臣の名を刻んだ石もありますが、清正ほど家臣の名を大きく目立つように刻んだ例はありませんでした。

清正は名古屋城の大・小天守台石垣を積んだとき、秘伝があるといって幕で隠し、工事の様子を見せなかったと伝えられます。工事の様子を隠したのは秘伝のせいではなく、この大胆な銘文を完成まで隠すためだったのだと思います。

清正が築いた大・小天守台石垣は江戸時代に改修されたり、大修理されたりして変わったところがあります。宝暦年間（１７５１～１７６４年）に修理を受けた大天守台石垣は、石材を替えた部

大天守台西側に、一部色の違う石が。これは西小天守へ連絡する出入り口を埋めた跡である。家康は当初西小天守を築く予定だったが、結局建てられなかった。

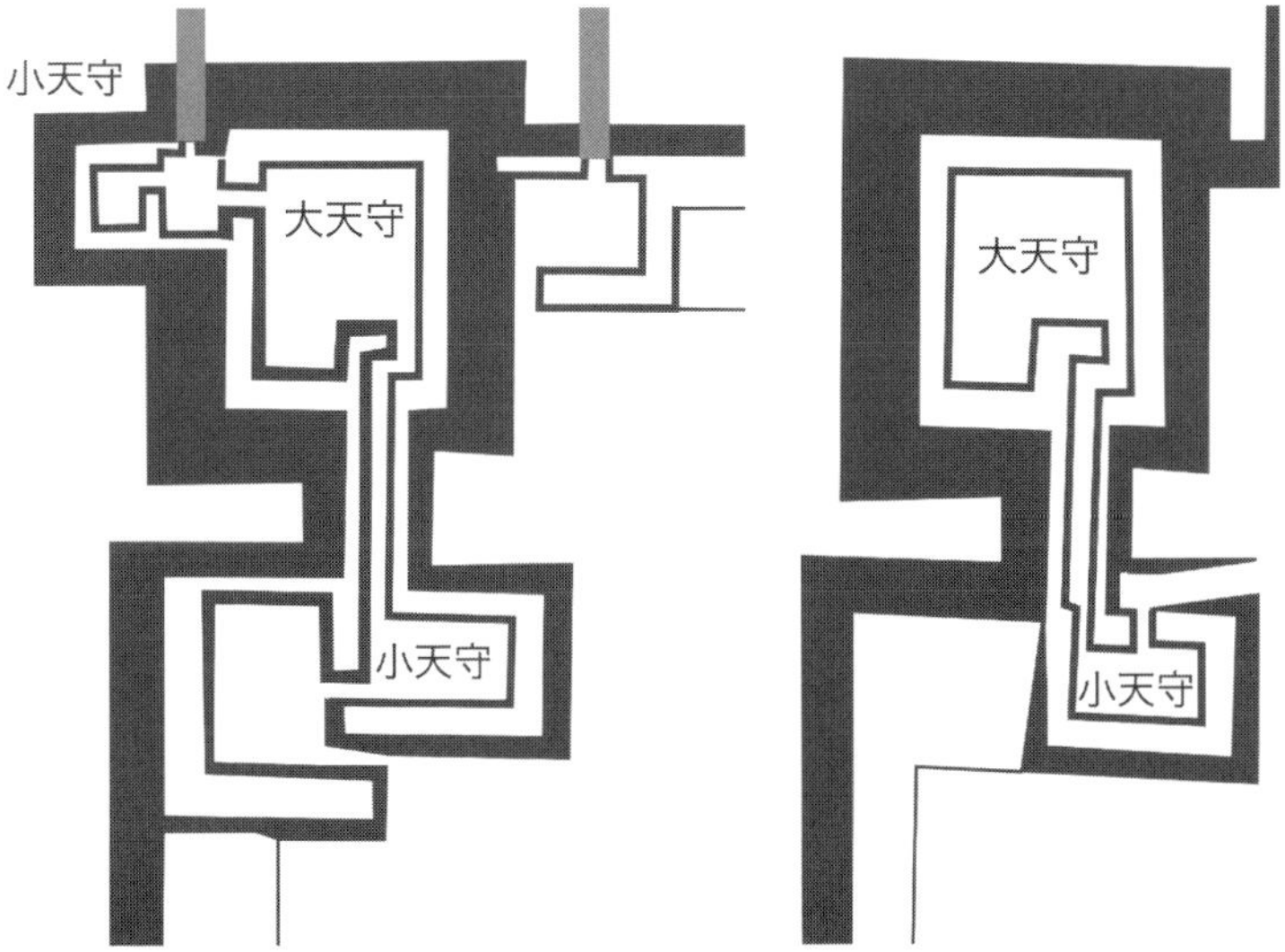

1609（慶長14）年の当初の設計プラン（左図）を見ると、大天守の西側に小天守が連結。西小天守を出撃拠点にできた。しかし、実際は1612（慶長17）年の最終プラン(右図)となり、西小天守は幻に終わった。石垣に残る出入り口跡は、西小天守を築こうとした痕跡である。
(千田嘉博作図)

分も多く、築石《つきいし》（１００ページ）がきれいな切石《きりいし》の布積《ぬのづ》み（１０６ページ）になっている部分は、このときの修理石垣と見てよいところです。

大天守台石垣の南西角石の半ばに、先にふれた「加藤肥後守内中川太良（郎）平」の銘文石がありますが、よく観察すると実際に残っている銘文は「藤肥後守内中川太良平」で、「加」の文字が消えてしまっています。江戸時代の修理のときに築石を新材に替えた結果、清正時代以来の角石がうまく収まらなくなって、角石を切り詰めた上に表面を叩いて整えていたのです。

1945（昭和20）年の空襲により、天守ほか、ほとんどの建物が焼失してしまった。（名古屋城総合事務所蔵）

それ以外にも、大天守台西面石垣では、家康が当初つくろうとした幻の西小天守への出入り口の痕跡を見つけられますし（宝暦修理の再築）、石材の多くがひび割れてくすんでいるのは、第二次世界大戦の空襲で、大・小天守が焼け落ちて、天守台石垣の石材が熱劣化で破損した状況を示しています。このように詳しく観察すれば、名古屋城の歴史を石垣から詳しく読み解けるのです。

大天守の石垣は、ひび割れなどの破損が激しく痛みが深刻で、修理が不可欠である。写真は大天守台東面石垣。

石垣コラム

実は清正は関係なかった!? 「清正石」という名の石

名古屋城の本丸東門枡形内の石垣には、「清正石」という巨石があります。これは、登城路の目立つ位置に巨石を配し、城主の権力を誇示した「鏡石《かがみいし》（112ページ）」でした。清正の名がつくとおり、加藤清正がこの石を運んだという伝承がありますが、実はここの部分の工事担当者は黒田長政でした。「清正石」ではなく、本来は「長政石」か「黒田石」のはずだったのです。この石が城内最大の石だったために、築城名人と名高い清正が関わったと誤解され、その名がついたようです。清正の石垣に対する評価の高さがうかがえます。実際、名古屋城の築城の際には、清正自ら巨石の上に乗り音頭をとったという伝承があります。名古屋城内では、その様子を模した清正の銅像を見ることができます。

清正の名がついた鏡石の「清正石」。

観音寺城

最初期の石垣が見られる

DATA 所在地／滋賀県近江八幡市　築城年／16世紀前半
築城者／六角氏　主な遺構／本丸、平井丸、石垣など

平井丸の石垣

根古屋式城郭から戦国期拠点城郭へ

文献史学による通説的な中世城郭の理解では、平地の館が武士にとって一貫した政治と生活の拠点であり、山城《やまじろ》は臨時の砦的役割と説明してきました。つまり館（たち／たて）が発達して平城《ひらじろ》に至ったのが城郭の主要系譜であり、戦国期に特に発達した山城は軍事面を肥大化させた傍流としたのです。

ところが山城の発掘が飛躍的に進んで、戦国期の山城の構造がわかってくると、従来の文字史料からの理解は、実態を適切に説明できていなかったと明らかになりました。

これまで室町期から戦国期の武士たちは、日頃は平地の館に住んで政治を行い、軍事的な危機が訪れると館の背後に築いた山城に立て籠もったと考えてきました。つまり館と山城とを使い分けた、いわゆる「根古屋《ねごや》式城郭」と呼ぶものでした。だから、室町期の城館の説明としてはおかしくありませんでした。15世紀には、山城が臨時施設ではなく常設の施設になっていました。

ところが16世紀の戦国期になると、大名の居城は多くの地域で平地の館から山城へと移転して、山城内に大名や家臣たちの日常の屋敷を統合しました。山城が軍事拠点としてだけではなく、居城としても政治拠点としても機能しはじめたのです。こうした諸機能を統合し戦国大名の本拠として機能した山城を、室町期までの山城と区別して「戦国期拠点城郭」と呼びます。

山城
合戦のときは
山城に立て
籠もる
日常生活は
平地の館で
館

室町期の城の構造

ふだんは麓の館でくらし、合戦がはじまると山城に籠もった。この使い分けを「根古屋式」という。当初山城は、臨時施設だったが、15世紀になると常設の建物になった。

中世城郭：城主の住んだ空間の本丸を中心に、城の曲輪を階層的に編成した近世城郭に対して、本丸とほかの曲輪が横並びで、並立的な構造の城。

安土城二の丸の石垣。安土城は、階層的な構造をもった近世城郭の先駆け。総石垣の元祖とも言われるが、石垣については観音寺城が先に取り入れた。

観音寺城の模型。山の上に築いた様子がよくわかる。（滋賀県立安土城考古博物館蔵）

戦国期拠点城郭としての観音寺城

戦国期拠点城郭はそれまでの平地にあった館型の城を山の上に再構成して成立しました。適当な山がない場合は、守護館を中心に周囲に武士の館が建ち並んだ姿で戦国期を迎えた場合もありました（愛知県清須城、徳島県勝瑞《しょうずい》城など）。

戦国期拠点城郭への転換は応仁の乱（1467～1477年）以降にはじまり（石川県七尾《ななお》城など）、天文期（1532～1555年）に大きな変化を迎えました。観音寺城は天文期に戦国期拠点城郭へと移行した典型例でした。

近江守護の六角《ろっかく》氏は平地の館であった小脇館《おわきやかた》を鎌倉時代以来の拠点にしていました。それが天文期に標高432メートル、比高330メートルの繖山《きぬがさやま》に観音寺城を整備して居城としたのです。天文期に観音寺城の整備が進んだことは、1536（天文5）年と比定できる『金剛輪寺文書』の「下倉米銭下用帳《げぐらべいせんげようちょう》」に「御屋形様惣人所下石垣、打ち申すべきの由」とあって、石垣工事を進めたと確認できることから窺えます。

観音寺城に見られる石垣は天文期から永禄期

比高：山頂の地表と、山麓の地表などのように、ある2つの地点の高低差。標高は、平均海面からの高さのことを言う。

苔むした石垣が残る池田丸の石垣。

ひときわ大きな石を積んだ平井丸の石垣。

平井丸の埋門《うずみもん》。埋門は石垣や土塀をくり抜くようにしてつくった門。

観音寺城では、主要な曲輪に石垣が残っている。苔むして、ところどころに崩れかけた石垣も見られ、歴史を感じさせる、一度は見ておきたい石垣である。
石垣は野面《のづら》積み（104ページ）で積んだ。野面積みは、大小の自然石を組み合わせたもので、この技術は比叡山などの山岳寺院から由来したといわれる。
観音寺城は、安土城よりも早い時期に石垣を築いたが、技術的に劣っているわけではなかった。たくみな野面積みで積まれ、石垣の技術としてはすばらしいものであった。

比定：明言できない事柄について、ある類似のものと比較して、推察すること。

（1558～1570年）にかけて築いたものと考えられ、当時としては最先端の技術を駆使した石垣の城でした。織田信長が築いた安土《あづち》城があったのは、観音寺城のある繖《きぬがさ》山から派生した尾根のひとつでしたから、この山城の高さを想像できます。その安土城は1576（天正4）年から築きはじめたので、観音寺城は安土城をおよそ40年もさかのぼるものでした。

横並びの城郭構造

観音寺城に登ると、山頂下の広い平坦地にある観音正寺《かんのんしょうじ》にたどり着きます。現在の建物は新しいものですが、六角氏の観音寺城は、この観音正寺を含んだ山城だったと推測されます。戦国大名の山城内に寺院があったのを不思議に思われるかもしれません。しかし畠山義続《はたけやまよしむね》の七尾城や毛利元就《もとなり》の吉田《よしだ》郡山《こおりやま》城（広島県）、織田信長の安土城も城内に寺院をもちました。宗教行事を行うだけでなく、接待や身分にとらわれない面会の場として、寺院は特別な役割を果たしたのです。

さて普通は観音正寺背後の繖山の山頂に、本丸があったと考えます。ところが本丸であった六角氏の館は山頂ではなく、そこから南西に派生した尾根上にありました。その六角氏の屋敷の周囲には平井丸や池田丸、その間にある落合丸など、江戸時代に伝承が残る重臣屋敷が連なっていて、大名と家臣たちが山の上に暮らしたようすを体感できます。

観音寺城の六角氏館や家臣屋敷は当時最先端の石垣で固めていましたが、城内のどこが中心だったかはっきりしない、曲輪《くるわ》群が横並びに分立した構造でした。このため観音寺城は山城として階層的な防御力を備えたというより、石垣で固めた武家屋敷がゆるやかに集まって、個々の屋敷の防御力を集積した城と読み解けます。

その点が、信長の安土城が天主を頂点に求心的な構造をもち、階層的な防御力を発揮したのと大きく異なりました。石垣を全面的に取り入れた観音寺城の先進性は評価できますが、城郭構造から見ると観音寺城はきわめて中世的でした。石垣の導入がそのまま近世城郭という評価に直結しないことを、観音寺城は物語るのです。石垣や瓦、礎石建物があれば近世城郭という安易な評価があるようですが、城郭構造の分析視角を欠いたのでは、正しく城から歴史を分析できません。

曲輪：城を構成する、区画のこと。複数の曲輪で城を構成した。「本丸」や「二の丸」といった名前がつけられる。

生活の場としての山城

　1539（天文8）年に観音寺城を訪ねた京都・相国寺《しょうこくじ》の僧文聰《ぶんそう》たちは、まず山麓の館で正式な対面行事を行い、翌日に六角氏の館の二階で宴会を行いました。二階建てになっていた六角氏館の建物は、どこにあったのでしょうか。その謎を解く手がかりが1544（天文13）年に観音寺城を訪ねた連歌師の谷宗牧《たにそうぼく》の記録にあります。宗牧が観音寺城に登城すると、当主の六角定頼《さだより》は山城の館で病気に伏せっていました。しかし宗牧の来訪を知って定頼は、館の二階で大宴会を開きました。文聰と宗牧をもてなした館の二階は同じ建物で、同じ宴会・文芸空間「会所《かいしょ》」と見てよいでしょう。そして宗牧はこの館二階から「大和、河内、伊賀、伊勢の山が見えた」と記しました。麓の館であれば、これ程の眺望は得られず、二階建ての建物は、山城の六角氏館にあったと判明します。

　こうした分析より、観音寺城の山麓の六角氏館は主に守護公権の公の対面空間であり、山城の六角氏館は日常の住まいと会所空間だったと結論できます。面積が限られた山城の館は御殿を二階建てにしていたことも確認できました。

　観音寺城の石垣は曲輪の外側だけでなく、曲輪の縁に沿って石塁をめぐらし、曲輪内に向けた側にも石垣を積んでいました。これは、石垣の上に建物を建てていたことを示していて、建物が石塁上に懸造《かけづく》りで建った可能性を示唆しています。複雑な建物群が、今見る石垣の上に建っていたのです。

池田丸の曲輪内面側にある石垣。

懸造り：崖や石垣から、張り出して建物を建てた建築工法。清水寺にある「清水の舞台」は有名。

石垣コラム

発達の法則で比べる西洋の城と日本の城

日本の城と西洋の城の比較は難しい。西洋の城と一口にいっても、紀元前３８００年頃のギリシャ・ディミニ遺跡や紀元前１８００年頃のスーダンのブヘン城といった太古の城や、ローマ軍の城、中世の騎士の城、十字軍の城、近代の要塞といったように多様で、それぞれ違いました。だから西洋の城といっても何をイメージするかで、比較の結果は大きく変わります。

日本の城も同じです。３世紀頃に最も整備が進んだ佐賀県吉野ヶ里《よしのがり》遺跡など弥生時代の環濠集落《かんごうしゅうらく》、古代の城柵《じょうさく》、鎌倉時代の館、戦国時代の山城、石垣を備えた近世城郭など、時代ごとの変化は大きく一様ではありません。また同時代であっても沖縄のグスク（１１８ページ）、本土の近世城郭、アイヌのチャシのように、日本列島の歴史と文化・政治、社会を反映した城の姿には固有性がありました。

つまり日本の城といって「本土の城」だけを思い浮かべる歴史観や、「本土の城」を日本の城の代表だと考えて疑問を感じない意識そのものにも問題があるのです。多くの日本の城の研究者は、城の出入り口を「虎口《こぐち》」と呼んで疑問を感じませんが、私は本土の城の出入り口を指した用語である「虎口」を用いずに、普遍的な用語である「出入り口」を使います。本書でも「虎口」は使用しません。

それは城の研究が、「本土の城」を暗黙の基準にして何の疑問も感じないものではなく、沖縄の人びとが築いた城も、アイヌの人びとが築いた城も、そして世界の人びとが築いた様々な城も、等しく重要なものと考え、そこから歴史を解明するものであるべきだと考えるからです。このように日本のなかの城を等しく理解することも、実は簡単ではないのです。

従来の比較は、日本の城と西洋の城の違いばかりを指摘してきました。しかし単純に城を比較するのではなく、城の発達の法則性を比較する視点に立てば、世界の城の共通性をたくさん指摘できます。

西洋の城の出入り口は、単純な城壁や堀の開口部から、くい違い出入り口、枡形《ますがた》へ、あるいは馬出しへと発達しました。これは日本の城と同じでした。また西洋でも土の城の最終段階に、斜面などの城外

チャシ：アイヌの人々がつくった城砦。堀や土塁を巡らし、丘などに築いた。約500のチャシがある。

空間に堀と土塁を並べ築いた畝状空堀群《うねじょうからぼりぐん》が出現しました。これも16世紀の戦国期に畝状空堀群を生み出し、その後、石垣の城へと変化した日本の城と共通しました。

しかし異なった点も、もちろんありました。西洋の城の石垣は、石をモルタルなどで接着した「剛構造《ごうこうぞう》」になっていました。それに対して日本の石垣は石一つひとつを接着せず、揺れたときに石がわずかずつ動いて力を分散した「柔構造《じゅうこうぞう》」になっていました。地震に対応した最適な構造でした。このように日本と西洋の城を比較していくと、日本の城の普遍性と特性の両面が見えてきます。

しっくいで接合したヨーロッパの城壁であるドイツ・ハイデルベルク城の円形稜堡は17世紀にフランス軍によって爆破され、稜堡の内部が見えている。写真の手前に稜堡の外壁が崩れ落ちているが、しっくいで石材を接合していたので石材がばらばらにならず、塊のまま崩壊している。日本の城では考えられない壊れ方である。

津山城の腰巻《こしまき》櫓石垣。柔構造の日本の石垣は、石同士を接着しないため、揺れが起きた際に石がわずかに動いて大崩壊を防げた。

馬出し：東日本で発達した出入り口の種類のひとつ。出入り口の堀の対岸に、堀と土塁を設けた出撃拠点。

津山城

石垣が重なる一二三段

DATA 所在地／岡山県津山市　築城年／1603（慶長8）年　築城者／森忠政
主な遺構／天守台、本丸、二の丸、三の丸、裏鉄門、石垣など

３段に築いた津山城の石垣。奥に見える建物は備中櫓。

本丸、二の丸、三の丸に雛壇状に石垣を配する

津山城は「石垣の要塞」ともいえる、鉄壁の守りを誇ります。築城者は織田信長や豊臣秀吉に仕えた森忠政《もりただまさ》。信長や秀吉の下で最新の築城技術を学んだ忠政は、１６０３（慶長８）年に津山藩主になると、12年もの歳月をかけて城を完成させました。

現在の津山城に建つ建造物は、復元された備中櫓のみ。しかし、往時は石垣の上に多くの櫓が建っていた。その数は、全国の城と比べてもトップクラスだったという。

津山城でまず圧倒されるのが、雛壇状に築いた「一二三段《ひふみ》」でしょう。本丸、二の丸、三の丸にそれぞれ高さ10メートル前後の高石垣を設け、津山城が建つ高さ50メートル程度の丘陵である鶴山《つるやま》全体を高石垣で覆いました。横に長く伸びた高石垣上には多聞櫓《たもんやぐら》を建て、要所には二重櫓などの櫓を配していました。津山城の鑑賞のポイントは、石垣に加えて、現在失われた石垣上の建物をイメージすることです。城に近づく敵があれば、一

ほかの城では屋敷地になっていることも多い二の丸だが、津山城では高石垣で防衛力を高めるためにとても狭い空間になった。

多聞櫓：城壁に建つ、長屋のように長い櫓のこと。天守と小天守などの付属櫓をつなぐ建物としても使った。

二三段の上段（本丸）・中段（二の丸）・下段（三の丸）の櫓から容赦なく一斉射撃を浴びせました。攻め手はたまったものではありません。一二三段は、このように鉄砲の威力を最大限に活かした構造といえるのです。

　一方、一二三段は防御力を高めるべく各段の高石垣を近づけたために、二の丸・三の丸の空間はたいへん狭くなってしまいました。本丸には広い御殿がありましたが、二の丸・三の丸はほぼ居住空間として利用できず、家臣らの屋敷は麓の城外に置かれました。居住性を捨ててまで防御に徹したのです。

上空から見た津山城。石垣がいくつもの折れをもつことで、石垣上の守り手にとっては死角が減り、攻め手を狙い撃ちしやすくなる。

CG復元した津山城。石垣の上に、建物が連なっていたのがわかる。（CG作成：津山市）

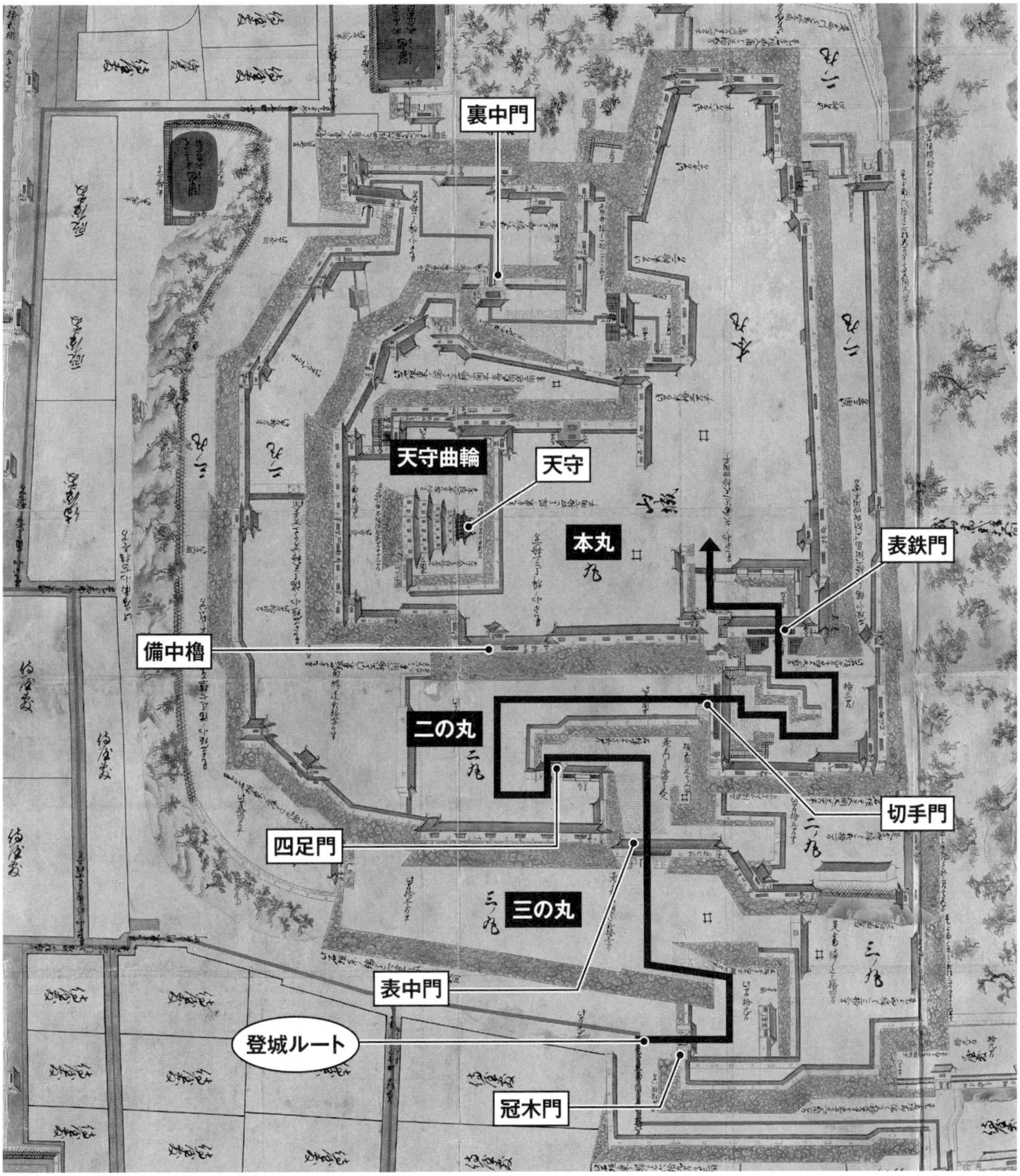

枡形を連続させたつくりだった。正保城絵図「美作国津山城絵図」。絵図の上が北。（国立公文書館蔵）

戦うことに特化した折れと枡形が連続した城内

一二三段の防御性によって攻め手は容易に近づくことができなかったわけですが、城内もまた、敵を惑わす迷路のような複雑な構造になっていました。城内の通路は何度も屈曲し、高石垣も小刻みに折れをもつため、守備兵はどこからでも攻め手を狙い撃ちにすることができました。また、各曲輪《くるわ》の出入り口は方形の空間をもつ枡形《ますがた》になっており、巨大な櫓門が待ち受けていました。

表中門の石段。ここを上がると、枡形空間へ続いた。ここを通る攻め手は、石垣上にあった櫓から集中砲火を受けることになった。

ここでも建物をイメージして、大手筋から本丸に向かってみましょう。現在の入城口となっている冠木《かぶき》門を通り、ぐるりとUターンして三の丸から二の丸へと進みます。二の丸の出入り口に建っていたのが巨大な表中《おもてなか》門で、この門を抜けると全国でも有数の広さを誇る枡形空間になっていました。この枡形に入ったら最後、四囲の建物から十字砲火を受けたでしょう。枡形を抜けたとしても、四足《よつあし》門を通ってまたUターンすると、頭上には備中《びっちゅう》櫓がそびえており狙い撃ちにあいました。備中櫓の脅威を切り抜けても、さらに切手《きって》門と表《おもて》鉄《くろがね》門という枡形を通らなければ本丸にたどり着けませんでした。冠木門から本丸までには17回も進行方向を変えねばならず、その都度高石垣上から狙われました。どんな歴戦の武者でも、本丸にたどり着くのは不可能に近かったでしょう。

鉄壁の一二三段に加えて城内にも堅固な防御施設を設けたというのは、はっきりいって過剰防衛でした。同様に過剰な防御力を誇った城としては、熊本城を挙げることができますが、津山城と熊本城は関ヶ原合戦後のほぼ同時期に築きまし

櫓門：城壁と門の上に櫓を配した門。

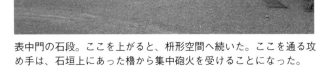

天守曲輪に独立して建つ津山城の天守台（写真左）。天守台には、地下空間（石蔵・穴蔵）があった（写真上）。

た。関ヶ原合戦の勝利によって徳川家康の天下が決定し、泰平の世が訪れたという認識の読者もいるかもしれませんが、まだこの時期は乱世の空気に満ちており、全国の大名は競うように防御性に優れた総石垣の城を築きました。津山城はそんな時代に最新の技術によって、「戦う（守る）ことを意識して築かれた城」だったのです。

天守曲輪の真ん中に天守台が置かれた理由とは？

津山城は、天守台も特異な構造でした。55ページの「正保《しょうほう》城《しろ》絵《え》図《ず》」で見られるように、本丸西側の天守曲輪は石塁によって区画され、その中央に天守台を置きました。天守曲輪の真ん中に、独立してぽつんと天守が建つ構造はたいへん珍しいものです。天守曲輪のある城は、姫路城のように隅に天守を建て、他の隅櫓《すみやぐら》とは多聞櫓で結ばれた連立式天守を採用するのが一般的だったからです。

どうしてこのような独立した構造にしたのでしょう。推測ですが、見た目を重視したのかもしれません。天守を中央に配したことで、どこから見ても隅櫓が両サイドにあり、中央に天守がそびえ建つ、左右対称の美を生み出しました。

石蔵：石づくりの倉庫のこと。

現在に残る天守台は一辺約22メートルで、石蔵（地下空間）を設けました。この天守台の上には、五重の天守が建っていました。また、本丸御殿と天守曲輪を結ぶ通路は細い迷路のような構造でした。崩落していた高石垣と土塀が復元されていますので、防御性の高さを感じながら歩いてみましょう。

備中櫓下の高石垣では、城内でも特に美しい扇の勾配が見られる。

扇の勾配が美しい備中櫓の石垣

津山城では、備中櫓下の高石垣に代表されるように、美しい「扇の勾配（108ページ）」を見ることができます。城に石垣が出現した当初、石垣のラインは直線に築きましたが、やがて下部が緩やかな斜角で上部にいくほど垂直に近づくような曲線を描く高石垣へと発達しました。曲線を描くほうが、力学的に安定し強度が増すためでした。石垣上の櫓から敵が石垣を登ってくるのを見た場合、直線の石垣では頭しか見えませんが、曲線の石垣だと登りはじめは背中が見えて、狙いやすかったという利点もありました。

裏中門の石垣にある、排水口。雨水や生活排水が石垣の内側に溜まると、石垣が崩壊してしまうので、排水システムを整える必要があった。

　また、津山城の石垣を見て歩くと、所々に穴が空いていることに気がつくでしょう。これは、水を城外へと排出する排水口でした。城は住居でもあったので、水が大量に使われますし、雨などで水が溜まると建造物や石垣を傷める原因にもなり、排水システムは不可欠でした。そのため、上流にあたる本丸御殿から城外へと至る排水ルートをどうするかは、築城段階から設計に組み込まれていました。城内には通路脇に排水溝が残っている箇所もあるので、排水ルートをたどって城内を歩いてみてもよいでしょう。

　さて、津山城が残る鶴山《かくざん》公園は桜の名所として有名ですが、実は桜は石垣の天敵でもあります。石垣上に植えられた桜は、石垣を傷める原因になるからです。石垣の内部に根が張ると石垣が変形し、崩落する危険性が高まります。また、桜が石垣に沿って立ち並んでいるため、冬以外は葉っぱに隠されて石垣の鑑賞がままなりません。全部伐採するのは難しいでしょうが、石垣保護のためにも、桜の間引きは必要です。

大坂城

天下の威信をかけて積み上げた高石垣

DATA

所在地／大阪府大阪市中央区
築城年／1583（天正11）年
築城者／豊臣秀吉
主な遺構／大手門、多聞櫓、石垣など

本丸東石垣。豊臣家時代をはるかにしのぐ規模で築かれた徳川家の石垣。

現在の大坂城は徳川の築いた城

大坂城といえば豊臣秀吉、「太閤さん」をイメージされる方が多いでしょう。しかし、城にご興味をおもちの方なら、現在の城は「徳川の城」というのもご存知かと思います。大坂夏の陣で豊臣家を滅ぼした徳川家は、１６２０（元和６）年に諸大名に大坂城の再築を命じました。そのとき、豊臣家の大坂城の上に盛り土し、新たな地盤を築きました。西国大名ににらみを利かせるため、豊臣の城を埋め、ひときわ大きな城を築いたのです。地下に眠った豊臣期の遺構は、石垣や堀が見つかっているものの、断片的な調査のため、全貌がよくわかっていないのが現状です。

豊臣と徳川の歴史ロマンを感じる城として、お城ファンの心をつかむ大坂城ですが、実はロマンがあるのはこの両家だけではありませんでした。そのドラマを、石垣から読み解きましょう。

大坂城北西のドーンセンター脇に展示した、豊臣期の石垣。

豊臣と徳川だけじゃない大名家の石垣ストーリー

先述の通り、現在の大坂城は幕府の天下普請《てんかぶしん》でできました。築城に関わった多くの大名家の中から、重要施設の天守台や大手口の枡形《ますがた》石垣を任されたのが、熊本藩の加藤忠広《ただひろ》でした。父は築城の名手として名高い加藤清正。忠広は父と比べ暗愚な武将ともいわれますが、忠広が担当した石垣を見ると、そうは思えません。巨石を惜しみなく使った石垣には、舌を巻くほどの技術力を感じます。名古屋城の普請に参加した清正に続き、親子２代にわたって江戸幕府に尽くしたのです。加藤家は、優秀な石工集団を抱えていたのでしょう。幕府も加藤家の技術力を見込んでいたからこそ、

大坂城・大阪城：現在は「大阪」と表記するが、明治以前は「大坂」と表記したので、本書では「大坂城」と表記する。

城の顔である天守台や、表玄関の大手口の枡形を任せました。しかし、再築の3年後、突然忠広は改易（江戸時代に武士の身分と領地をはく奪した刑罰）されました。家臣同士の内紛など、理由は諸説ありますが、いずれにせよ幕府は大坂築城の功労者をあっさり切り捨てた結果となりました。

築城では華々しい結果を残した加藤家とは逆のドラマをもつのが、加賀藩の前田利常《としつね》でした。言わずと知れた100万石の大大名ですが、築城技術に関しては、当時あまり良い評判がなかったようでした。そのため、北陸の大藩でありながら、ほかの北陸の小藩とひとまとめにされ、石垣の分担を割り振られていました。ところが、さらに横槍が入ったのです。石垣工事の責任者である普請奉行の藤堂高虎《たかとら》が「北国衆は石垣づくりが下手だから、自分に任せてほしい」と幕府に訴えました。ただでさえ不満でいっぱいだった前田家としては、これ以上の屈辱は受け入れられません。高虎の訴えに断固抵抗しました。このときの石垣が青屋門や玉造口周辺の石垣でした。

その後前田家は、江戸城本丸工事で、天守台の築造を任されました。これが現在残る天守台で、切り込みハギ（104ページ）の最高峰でした。前田家は独自の石垣文化を生み出し、最高の石垣を江戸で築いたのです。

抜け目が無かった藤堂高虎の石垣づくり

最後に、大坂城の普請奉行を務めた藤堂高虎の大坂築城について紹介しましょう。高虎は伊勢地方の領主で、加藤清正とともに築城名人としても名高い人物でした。大坂城築城開始の前年、高虎は幕府に自らの田丸領（三重県）を献上し、代わりに、現在の京都府木津川市加茂町一帯を領地にしたいと願い出ました。田丸領一帯は良質な穀倉地帯で石高も高く、ここを差し出すことで、高虎は幕府に忠誠心を見せました。しかし、この忠誠心には「ウラ」があったのです。

加茂にある大野山からは花崗岩《かこう》が採れました。さらに大野山は木津川に面し、木津川の流れは大坂城へと続きました。勘の鋭い方なら、もうお気づきでしょう。高虎は加茂を石切丁場（94ページ）としたのです。この石材は、京橋口の西外堀や本丸南西部の空堀で使用しました。

普請奉行だった高虎は、いち早く大坂築城の情報を得たのでしょう。そのインサイダー情報によ

加藤家が築いた天守台の石垣。城の中でも重要な場所だけあり、四角くていねいに加工した巨石を、布積《ぬのづ》みで規則正しく積んだ。

前田家が築いた玉造口付近の石垣。普請奉行の高虎の訴えによって、一度は任された丁場を取り上げられそうになったが、前田家のプライドのために死守した。

藤堂高虎が築いた本丸南西の空堀の石垣（写真左）。加茂の木津川から運んだ石材は、この場所でも使った。木津川支流・赤田川には、高虎が切り出し、大坂城へ運ばなかった残石が今も残っている（写真上）。

り、加茂の地を得て、効率よく大坂城普請に参加することができました。

　石はたいへん重く、さらに大坂城の普請では幕府が石の大きさに規制を設けました。そのために、今日に残る立派な石垣があるわけですが、石材の調達は容易ではなかったでしょう。大名たちは小豆島《しょうどしま》など、瀬戸内海の島々を中心に、石を切り集めました。そんな大名たちを尻目に、高虎は瀬戸内海よりもかなり近い加茂から、水運で大坂城に石を運び入れました。

　現在も加茂の木津川支流・赤田川の河原には高虎が切り出した巨石が残っています。これらの石には、石のサイズを刻んでいました。高虎はこのサイズを台帳に記録し、大坂で必要になったら、いつでも運び出せるようにしていました。石垣のカタログをつくって、石垣工事をシステム化したのです。このシステム開発力こそ、高虎の築城名人たる所以です。木津川市赤田川の高虎切石《きりいし》の残石は、2018年時点で残っていますが、発掘調査をせずに、木津川市は破壊する計画を進めています。こうした重要な遺跡が失われるのは、ひじょうに残念です。

戊辰戦争や太平洋戦争で失われたが、古写真にはかつての櫓が建っていた姿が残っている。（大阪城天守閣蔵）

南外堀の圧倒的な堀幅と高石垣

　連日多くの観光客が訪れる現在の大坂城ですが、訪れた観光客を最初に驚かせるのが南外堀です。70メートル近い堀幅に、幾重にも折れた高石垣は、ほかに類を見ないスケールをほこりました。石垣のラインが幾重にも折れた「横矢掛け」は、横矢掛けのない石垣に比べて格段に防御力があがります。堀を越えて城に接近しようとする敵に、複数の角度から鉄砲を浴びせることができたのです。また、折れ部分をたくさん設けること

南外堀の横矢掛けの石垣と、広大な堀。石垣の上にある櫓から、一斉に攻撃できた。

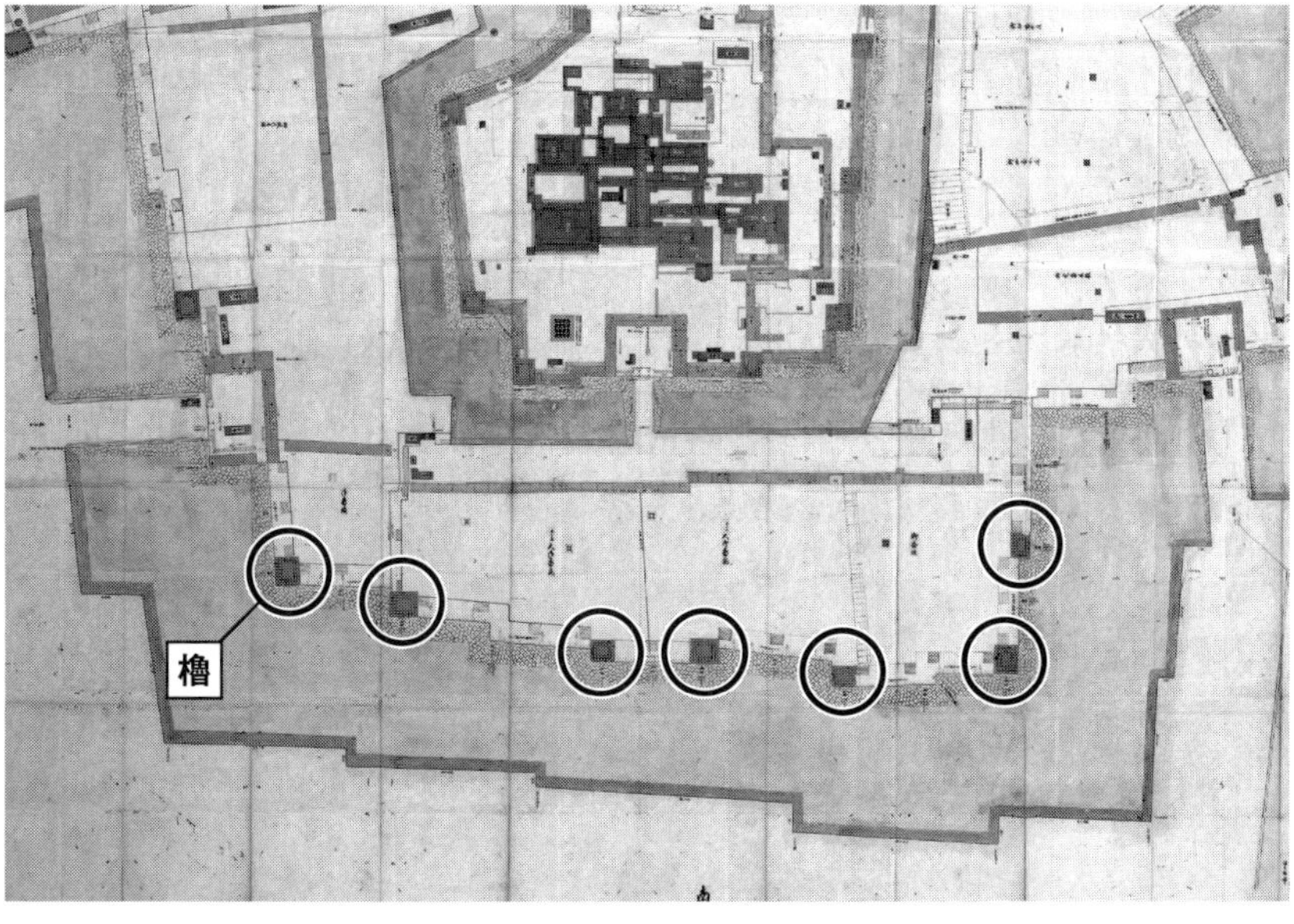

江戸時代の城絵図「大坂御城図」（国立国会図書館蔵）を見ると、櫓が建っていたことがわかる。

で、石垣が崩壊しにくく、頑丈になる利点もありました。

現在は東の一番櫓と南の六番櫓しか残りませんが、かつては屈曲した石垣の角には、一番櫓から七番櫓まで櫓がずらりと並び、さらに櫓の間には多聞櫓《たもんやぐら》もあったのです。それぞれの櫓に控えた鉄砲兵から狙われることを想像すると、堀を泳いで攻めることは断念するしかなさそうです。そもそも、堀幅も広いので、とても泳ぐ気になれません。失われた櫓跡を石垣のラインに沿って歩くと、礎石が残っている箇所があります。堀越しに石垣を眺めるだけでなく、櫓側を歩いてみるのも、楽しい城散歩になるはずです。

ちなみに南外堀の高石垣は、高いところで水面から20メートル以上あるといわれます。さらに高いのが本丸東面の石垣です。ここは「高さ日本一の石垣」とも評されますが、本当の高さはわからないのが現状です。石垣は水面下にも続いており、季節によって水位が変わるため計測が難しいからです。しかし大坂城の高石垣が、日本屈指の高さをほこることは間違いありません。

桜門にある蛸石は、大坂城内でもっとも大きい鏡石。石の左端に蛸に見えるシミがあるため蛸石と呼ぶ。

権力をアピールするための巨大な石

大坂城の石垣として見逃せないのが、巨大な鏡《かがみ》石《いし》（112ページ）です。登城する諸大名や家臣への権威アピールのために設けた鏡石ですが、大坂城の鏡石は群を抜く大きさでした。もっとも大きいのが岡山藩の池田忠雄《ただかつ》が運んだ桜門の蛸石《たこいし》で、幅約11・7メートル、高さ約5・5メートル

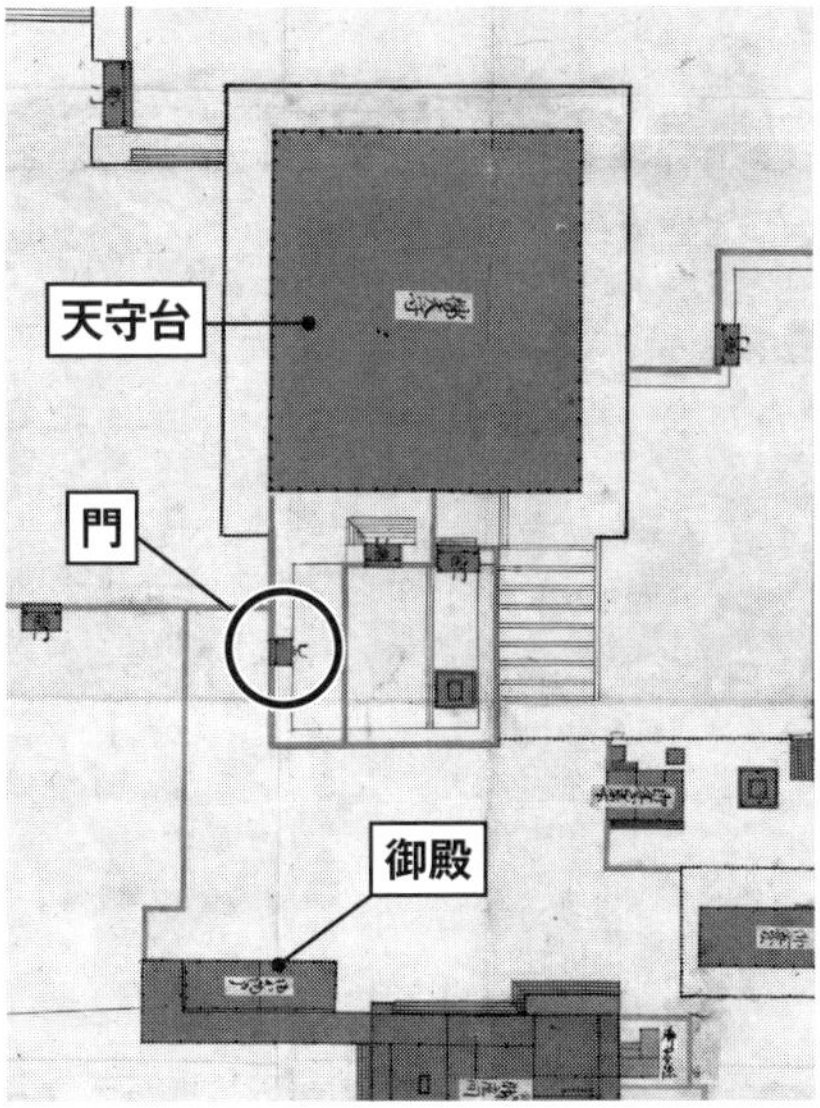

天守付台にある「門」の記載。「大坂御城御本丸并御殿絵図」（国立国会図書館蔵）

エレベーターの通路の先の石垣には、切り欠きがある。この切り欠きは、エレベーター設置時に石垣を破壊したのではなく、もとからあった。天守から切り欠きを過ぎ、エレベーター方向へ進むと御殿への廊下へつづいた。

もあります。次に大きいのが、同じく池田忠雄が運んだ京橋口の肥後《ひご》石です。肥後石は調査により、石の厚さが70〜90センチメートルほどで、裏には通常の大きさの石で積まれた石垣があることがわかりました。

大坂城のシンボルといえば、1931（昭和6）年に鉄筋コンクリートで建てた本丸の復興天守です。平成の改修時に身障者用エレベーターを取り付け、バリアフリーの天守にもなりました。この天守へのエレベーターの受け口となる、天守付台南西の石垣に注目してみると、謎の切り欠きが入っています。絵図を見ると、切り欠き部分に「門」とあり、天守南の御殿から切り欠き部分に直接連絡した二階廊下をつくった痕跡でした。天守への入り口は、天守台南東部分にもありましたが、御殿から直接つながった廊下は将軍専用の天守登閣用の通路でした。こうした通路は、二条城（京都府）にもあり、名古屋城でも計画されました。織田信長の安土城天主にもあったと考えられています。

石垣を見るとき、「なぜ？」を考えながら観察するともっと楽しくなります。

復興天守：天守を復興したものの、場所やデザインなどが異なる天守。福山城、小倉城などがある。これに対し、往時の姿を残す現存天守、史料に基づいて復元された復元天守、もとは天守をもたない城だったが、天守を築いた模擬天守がある。

名護屋城

人為的な破壊跡が見られる太閤の夢の跡

DATA

所在地／佐賀県唐津市
築城年／1591（天正19）年
築城者／豊臣秀吉
主な遺構／本丸多聞櫓跡、二の丸長屋建物跡、堀秀治陣跡など

発掘調査によって判明した土塀から多聞櫓への変更

北条氏を滅ぼして国内を統一した豊臣秀吉は、国外へと目を向け、文禄・慶長の役という二度の対外戦争を起こしました。その前線基地として、諸大名に命じて築いたのが肥前名護屋《ひぜんなごや》城です。

名護屋城は天下人・秀吉が在陣して指揮をとることを目的にした城であるため、相応の規模と格式が求められました。そのひとつの証拠が、発掘調査によって発見された本丸の旧石垣です。本丸を拡張するために一度築いた石垣を埋めて、現在見ることができる石垣のラインを築き直したことがわかったのです。

なぜ、このような拡張工事を行ったのか。その理由は、石垣上に建つ建造物を土塀から多聞櫓《たもんやぐら》に変更したためでした。多聞櫓にするため、わずか数メートルですが外側へ幅を広げる必要がありま

本丸の発掘調査で発見した旧本丸石垣。拡張のために埋めた。

本丸南にある馬場の石垣。破壊した跡がはっきりとわかる。

本丸に平面表示した多聞櫓跡と旧石垣跡。

多聞櫓の例。写真は彦根城。

土塀の例。写真は姫路城。

した。天下人の城として、塀よりも、重厚な建造物である多聞櫓のほうがふさわしいと方針転換があったのでしょう。じつは、この戦いの最中に描いた狩野光信《かのうみつのぶ》筆とされる「肥前名護屋城図屏風」を見ると、本丸の周囲には土塀を用いています。なぜ多聞櫓の場所に土塀が描かれているのか長らく謎だったのですが、発掘調査によってその理由が判明したわけです。

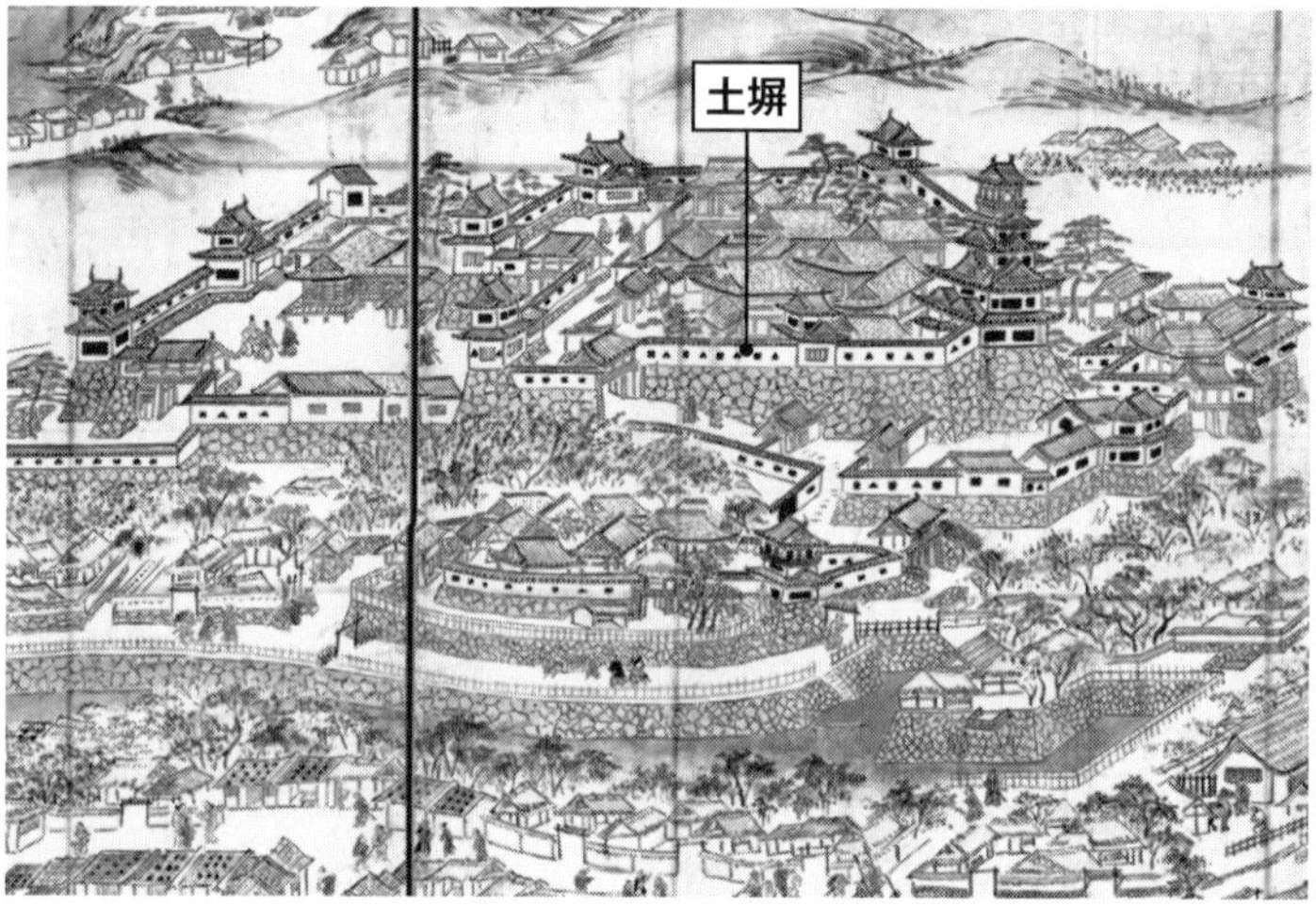

「肥前名護屋城図屏風」(佐賀県立名護屋城博物館蔵)には、多聞櫓ではなく土塀が描かれていた。

名護屋城では、おそらく秀吉の意図や好みを反映した、ほかの城ではあまり見られない構造が随所にあります。例えば大手口から東出丸へと一直線に伸びる大手道。三ノ丸側から横矢が効いて防御性は高く、さらに秀吉が諸大名の前でパレードができたような広い登城道です。

このように大規模な城を築いたのは、秀吉が天下人としての格を見せつけたかったからでしょう。それに加えて、朝鮮とその先の明《みん》の征服にか

大手口から東出丸へと続く幅の広い大手道。写真の左側は三ノ丸。

重ね積みで積まれた本丸周辺の石垣。

算木積みで積まれた搦手《からめて》口脇の石垣。

ける本気度を諸大名に伝えたかったということかもしれません。

最先端技術が用いられた名護屋城の高石垣

名護屋城の高石垣について、海から見える箇所は打ち込みハギ（104ページ）が用いられ、見えない箇所は野面《のづら》積み（104ページ）にして、意図的につくり変えたともされました。しかし、海からでは、積み方は判別できなかったので、そう評価してよいか検討が必要です。

間違いないのは、名護屋城の石垣は当時の最先端技術で築いたということでした。文禄・慶長の役は7年間にわたりました。城の主要部は数ヵ月で完成したと伝わりますが、本丸の拡張工事が行われたように、その後も増築・改修工事は続きました。ちょうどこの頃は近世城郭の築城技術が急速に発達した時期であり、石垣の積み方の進化を目の当たりにすることができるのです。

角石《すみいし》の積み方にも注目してみましょう。城内では、細長い石材の長短辺を交互に積み上げた「算《さん》木《ぎ》積《づ》み（110ページ）」と、横幅がそろった角石を直線的に積んだ「重ね積み（110ページ）」

馬場の南には、切り出した石材の残石を見つけられる。

の両方を見ることができます。江戸時代以降の城は算木積みが技術標準になりましたが、この時期はまだ算木積みと重ね積みのどちらが優れているか結論がつく前の段階であり、どちらも用いていたのです。

城内に、石垣の築石《つきいし》を切り出した「石切丁場（94ページ）」が残るのも見どころのひとつです。わかりやすい場所は本丸や馬場の南側で、巨大な自然石の岩盤や、切り出した石材を見つけることができます。江戸城も諸大名に命じて築いた巨大城郭ですが、江戸城の築石は遠く伊豆や瀬戸内海から運びましたから、それに比べれば名護屋城築城に動員された大名は効率的に築城できたのではないでしょうか。

石垣の隅と頂部を徹底破壊する 破却の〝作法〟

名護屋城の石垣の特徴のひとつは、多くの石垣を部分的に破壊した点です。秀吉の死を受けて、文禄・慶長の役を中止したことと絡めて、破壊した石垣群に歴史ロマンを感じる方も多いことでしょう。

秀吉の死後まもなく、豊臣軍の撤兵をもって名護屋城はその役割を終えました。その後、初代唐《から》津《つ》藩藩主となった寺沢広高《てらさわひろたか》が唐津城を築城する際、名護屋城の解体資材を流用したと伝わります。名護屋城の石垣を徹底的に破壊したのは、1638（寛永15）年の島原の乱終結後のこと。乱では一揆勢が廃城であった原《はら》城（長崎県）に立て籠もり、幕府軍が大苦戦したことから、名護屋城がそうして利用をされることを防ぐべく徹底的に破壊しました。

三ノ丸石垣に残る破壊の跡。隅部分を破壊した。

城の破却にはある種の「作法」があります。第一に、石垣の隅部分と天端石《てんばいし》（102ページ）が優先的に破壊されます。隅部や天端がないと石垣のラインに沿って塀や櫓などを建てることができず、石垣の役割を果たさなかったからです。V字形に壊した石垣が散見されますが、これは天端の石垣から取り壊していった結果でした。

また、天守台も徹底的に破壊していました。天守が城のシンボルであるように、天守台の破壊が破却の象徴となっていたのです。

現在、名護屋城では破壊された石垣をもとのよ

馬場の石垣。V字形の破壊の跡が等間隔に残り、人為的に壊したことがよくわかる。

うに復元するのではなく、破壊した状態で整備を行っています。城の歴史を尊重した整備のあり方です。

名護屋城と陣は石垣技術伝播のきっかけとなった

名護屋城の周囲には、諸大名らが在陣して朝鮮半島へと出兵するための陣を築きました。その数、なんと130を超えます。多くの陣跡は石垣や堀などの遺構が良好に残り、名護屋城とあわせて国の特別史跡に指定されています。

中でも、1万5000もの兵を率いて参陣した徳川家康の本陣跡はたいへん規模が大きく立派でした。石垣は切石《きりいし》が綺麗に加工された切り込みハギ（104ページ）で築いており、出入り口も名護屋城に負けないほどの構えになっていました。ただし、名護屋城が打ち込みハギにもかかわらず、徳川家康本陣がのちの時代に発達した切り込みハギを使用したのには注意が必要で、徳川家康本陣は文禄・慶長の役後、明や朝鮮からの使節を迎えるために改修した可能性があります。

徳川家康本陣以外でも、前田利家や島津義弘《しまづよしひろ》など多くの陣で石垣を用いました。名護屋城以前に築いた豊臣政権の政庁であった聚楽第《じゅらくてい》（京都府）も大名らに命じて築きましたが、豊臣大名たちは聚楽第と名護屋城で築城技術を学び、京屋敷と名

聚楽第跡の石碑。秀吉が名護屋城以前に築いた聚楽第も、諸大名に普請させた城であった。

おもな参加大名

大名	居城	石高
伊達政宗	岩出山城	61.4万石
真田信幸	沼田城	2.7万石
山内一豊	掛川城	4.3万石
森忠政	金山城	7万石
上杉景勝	春日山城	56.1万石
前田利家	金沢城	23.5万石
大谷吉継	敦賀城	5万石
細川忠興	宮津城	11万石
九鬼嘉隆	鳥羽城	3.5万石
石田三成	佐和山城	19.4万石
宇喜多秀家	岡山城	47.4万石
毛利輝元	広島城	112万石
立花宗茂	柳川城	13.2万石
黒田長政	中津城	12万石
寺沢広高	唐津城	3.7万石
加藤清正	熊本城	19.5万石

文禄・慶長の役の前線基地だった名護屋城の周囲には、諸大名が在陣するための陣を築いた。写真は前田利家の陣。

近年の調査で検出した、徳川家康の本陣跡の切り込みハギの石垣。

護屋の陣づくりを通じて自前の職人を育てて、その後自らの本拠に石垣づくりの居城を築いたのでした。

慶長期（１５９６～１６１５年）初頭の慶長の役後には、全国各地に総石垣の近世城郭が出現しました。そう考えると、名護屋城は日本城郭史においてエポックメーキングな城だったといえるでしょう。

岡城

御殿築造のために石垣によるくふうを重ねた

DATA

所在地／大分県竹田市
築城年／1185（文治元）年
築城者／緒方惟栄
主な遺構／本丸、二の丸、三の丸、三の丸高石垣など

本丸南石垣と、細い通路。すぐ目の前は断崖になっている。

断崖に築いた高石垣は敷地を確保するためのもの

岡城は、北は稲葉《いなば》川、南は白滝《しらたき》川によって生み出された深く切り立った断崖上に位置する山城でした。鎌倉時代初期に築き、戦国時代には再三にわたり島津軍の猛攻を退けたこの堅城を、１５９４（文禄３）年に入城した中川秀成《ひでなり》が総石垣の城へと変貌させせました。標高３２５メートルにあった難攻不落の岡城は、断崖絶壁に囲まれた細長い山稜を利用しており、この地で近世大名と家臣らが居住し藩政を営んだのを、驚くほどの堅固な立地でした。しかし、中川氏は明治維新までの約２７０年間、岡城を居城として利用し続けました。全国でも特筆すべき近世山城でした。

岡城の石垣というと、右にも掲載した三の丸北

三の丸の高石垣

側の高石垣が有名です。現地で見ると本当に驚愕しますが、足場のない崖の上に築いており、高所恐怖症の方でなくても目まいがするほどです。この高石垣は防御のために築いたのですが、それと合わせて曲輪《くるわ》を広げて空間を確保するためのものでもありました。石垣を築造したことで、天端石《てんばいし》（102ページ）のぎりぎりのところまで建物を建てました。一方、土づくりの城では、頂部の際《きわ》からやや奥まったところに建設する必要がありました。

江戸時代の藩庁となった城において、その主役は天守ではなく、藩主の住居兼政務の場となった御殿でした。中世の山城を受け継いだ岡城は、藩庁に適した御殿を建設するために石垣によって曲輪を広げ、屋敷地を確保するくふうを重ねたのです。

天端石ぎりぎりまで建物が建つ例。写真は金沢城菱櫓と石垣（復元例）。

山城を石垣の城へと変貌させた中川氏の苦労と意地

御殿づくりの苦労は、本丸と二の丸にかつてあった御殿にも見てとれます。本丸と二の丸は石垣によって数メートルの高低差がありますが、それぞれに建っていた御殿の一部を懸造《かけづく》りによってつないでいました。これによって外に出ずとも御殿内を行き来することができました。

大改修によって石垣の城を築いた秀成は、さらに城の西側を拡張して城代や家臣団の屋敷群を設けました。それとともに、旧来の大手であった下《しも》原《ばる》門側を搦手《からめて》として、大手門を現在の位置に設置しました。

西側の曲輪群も石垣によって区画されており、かつては石垣上に土塀や多聞櫓《たもんやぐら》が走り、曲輪内には屋敷が建ち並んでいました。通路は迷路のように入り組んでおり、塁線が弧を描く石垣も少なくありません。ここにも、中世の山城を近世城郭へと改造したようすを見られます。

城代：江戸時代の城代は、城主の代わりの者のことをいう。城主が不在のときに、城の管理や藩政を担当する。

正保城絵図「豊後国直入郡《ぶんごのくになおいりぐん》岡城絵図」（国立公文書館蔵）

かつては御殿が建っていた二の丸。右の石段を上がると、本丸へ続く。奥の建物（休憩所）あたりには風呂場があり、かつてはその風呂場の２階から上の本丸へ連絡できた。

搦手：城の裏口のこと。これに対して、城の正面玄関を、「大手」という。

西の丸賄方《まかないかた》の石垣。

270年間にもわたる修築で独自進化を遂げた石垣

建物が残らない岡城ですが、石垣は往時のままに存在します。ただし注意しなければいけないのは、現在見られる石垣群は築城当時の石垣ではないということです。およそ同時代に築いた名護屋《なごや》城の石垣は野面積《のづらづ》み（104ページ）や打ち込みハギ（104ページ）によって積んでいますが、岡城では野面積みの箇所はありません。

岡城は地震や火事、台風などの被災を受けて、その都度石垣を改修してきました。城の全域で、築石《つきいし》（100ページ）をきれいに切り出して隙間なく積む切り込みハギ（104ページ）を見ることができるのはそのためです。

また、石材を斜めに落とし込んだ「落とし積み（107ページ）」も用いています。江戸時代後期以降に発達した積み方なのですが、岡城では大手

切り込みハギで積んだ西中仕切の石垣。切り込みハギは、野面積みや打ち込みハギよりも新しい積み方。

明治期の岡城古写真。この後、廃城令によって建物をすべて壊した。1771（明和8）年の火災後に再建した御三階櫓も写真上部に見える。

落とし積みで積んだ本丸石垣。落とし積みは江戸時代後期以降の積み方で、文禄の創建時の石垣から改修を受けたとわかる。

門や御三階櫓、本丸、下原門などの石垣に見られます。1771（明和8）年に起こった大火事で御三階櫓を含む城内の大半の建造物が焼失したのですが、落とし積みを用いた石垣はこの大火災以降に築いたものと推測できます。まさに石垣は歴史を語るのです。

270年間にわたり石垣の築造を行ってきた岡城では、独自の技術も発達しました。そのひとつが、大手門跡や近戸《ちかど》門跡に残る、上部が凸凹した高石垣です。凹の部分に横木（梁《はり》）を渡し、その上に床を張って櫓門を支えたのですが、このような形式は全国でも珍しいものです。

とても幅広い、西の丸の石段。

大手道で見られる「かまぼこ石」も独自進化のひとつ。石段に沿って石塀を築いており、石塀の上にはまるで手すりのように半円形の石を設置しました。石には柱の立つ穴を穿《うが》っており、石塀上に板塀を築く仕様にしていました。江戸時代のものとは思えないモダンな意匠です。現地を訪ねたら注目してください。

西の丸御殿に入る巨大な石段も見事な構造です。西の丸御殿はもともと3代藩主・久清《ひさきよ》が隠居後の住まいとして築造したもので、1771年の大火災で焼失後、御殿の再建といっしょに横幅10メートル以上もある大階段を建設したといいます。西の丸御殿はその後政務の中心地となり、大階段には権威を示そうとした意識があったのでしょう。

岡城の石垣には、創意工夫と、江戸時代を通じて何度も何度も改修・保全してきた歴史が込められています。この城で実際に生活していた人の気持ちになって石垣を鑑賞してみると、より親近感が湧くでしょう。

大手道のかまぼこ石。

かまぼこ石の上部には、穴が空いている。これは石の上に板塀を築いた痕跡。

大手門の石垣。上の凹部分から、横木を渡した。

大手門石垣の拡大。横木を渡した凹部分は、全国的にも珍しい。

石垣コラム

石塁の上に上がるくふう・雁木と合坂

石垣を見学して歩くとき、ときどき振り返ることも大切です。例えば枡形門の外門の両脇には、石段を設けています。これは「雁木《がんぎ》」というもので、石塁へ上がるための階段でした。ここへ上がると、石垣上の塀にある狭間《さま》から攻撃ができたのです。

また、石垣の城内側に向かい合って石段を設けている場合があります。これは「合坂《あいさか》」で、兵士たちが土塁の上にすばやく上り下りできるように設けたものでした。

このように城内側にもいくつかのくふうがあるので、どんどん城の中枢部へ突き進んではいけません。ときどき振り返り城内側からも見学しましょう。

江戸城大手門の雁木。雁木を上がったところには、狭間がある。

津山城の合坂。いち早く本丸へ駆け上がれた。

狭間《さま》：城壁に開けた穴のこと。狭間から弓矢や鉄砲で攻撃した。

石垣の基礎知識

石垣の誕生から発展の歴史、積み方の種類など、
石垣鑑賞のために知っておきたい基礎知識を紹介。

石垣の誕生から発展まで
石垣の歴史

古代～鎌倉時代

石垣のはじまりは古墳時代から

旧石器時代、日本列島に暮らす人々は、すでに石を道具として使い始め、その後も石鏃《せきぞく》・石斧《せきふ》・石包丁《いしぼうちょう》などは、日常生活になくてはならないものだった。しかし、石を積み上げる技術はまだ誕生していない。石垣が歴史に登場するのは、もっと後の時代になってからだった。

古墳時代、首長あるいは王の大規模な墓、すなわち古墳が多数造営された。現在、前方後円墳をはじめとするほとんどの古墳は草木に覆われているが、築造当時、その多くは、表面に石を敷き詰めた葺石《ふきいし》を施した。また、墳丘のなかに設置した埋葬施設（遺体を安置する部屋）は石材を積み上げて造ったもので、石室と呼んでいる。5世紀の豪族の居館にも、館の濠《ほり》の斜面に石を葺いた例が見つかっている。

飛鳥・奈良時代には、北九州から瀬戸内にかけて、古代山城を築き、石を積み上げた城壁の基礎をつくった。しかしその後、石垣技術はあまり進展しなかった。鎌倉時代の後期、元寇《げんこう》に備えて博多湾沿岸に築かれた「石築地《いしついじ》」と呼んだ元寇防塁《ぼうるい》に石垣を用いたのが、防衛施設に石垣を使用した確実な事例である。

五色塚古墳《ごしきづかこふん》は、神戸市垂水区にある前方後円墳。墳丘は3段に築かれ、各段斜面には葺石を葺いた。

葺石： 古墳の墳丘の表面に敷きつめた石のこと。

大野城（福岡県）は、太宰府市の北側にそびえる四王寺山に築いた古代山城。随所に石垣が見られるが、なかでも最長の約180メートルに及ぶのが百間《ひゃっけん》石垣である。

群馬県高崎市にある観音山《かんのんやま》古墳の石室。観音山古墳は全長100メートル近くもある前方後円墳で、石室は切石《きりいし》を積み上げた。

元寇（蒙古《もうこ》襲来）に備えて、鎌倉幕府は九州の御家人に石築地と呼ばれる防塁を築かせた。元軍（モンゴル・高麗軍）の上陸を阻んだ。（福岡県生の松原地区）

古代山城：663（天智2）年の白村江《はくそんこう》の戦いでの敗戦後、唐や新羅からの襲来に備えて築いた城。

戦国時代

めざましく石垣が発展

沖縄のグスク（118ページ）を除き、戦国時代以前の本土の城は土塁や堀を用いた土づくりの城だった。石垣とともに城を変化させたのが、鉄砲の伝来であった。

石垣を用いると、石垣の天端石《てんばいし》（102ページ）ぎりぎりまで、建物を築くことができた。石垣の上に櫓を築き、そこに鉄砲兵を配置すれば、雨に弱い鉄砲が、雨天でも使用可能になったのである。櫓内の城兵は、屋根や壁で守られたのも大きな効果だった。

さらに石垣を発展させたのが、尾張の織田信長であった。信長が上洛を果たし、統一政権への道を歩みだすと、1576（天正4）年に新たな本拠として近江に安土《あづち》城（滋賀県）を築城開始。安土城以前の小牧山《こまきやま》城（愛知県）や岐阜城でも石垣を用いた先進的な築城を試みていたが、安土城では総石垣の城を実現し、城の頂点に巨大な天主を築くという革新的な城づくりを行った。

これは石垣や城の中心に建てた天主によって、権威の象徴としただけではなく、集権的な権力を具現化したのであった。信長の家臣たちも、信長の城を踏襲し、石垣と天守を擁した求心的な城を築城した。

信長の死後に天下人となった豊臣秀吉は、諸国の大名に工事を割り当てる天下普請《てんかぶしん》によって、安土城をはるかに上回る規模の大坂城を築いた。近世城郭は、信長がはじめ、その後継者である秀吉がさらに発展させたといえるだろう。

城郭の先進地域であった近江にある佐々木六角《ささきろっかく》氏の居城・観音寺《かんのんじ》城は、16世紀半までには本格的な石垣をもつ城になっていた。

天主：安土城で「天主」と記すのは、『安土日記』『信長公記』の表記による。

大名の居所を頂点とした階層的な構造を備えた近世城郭の要件を達成した安土城。天主がある本丸を頂点とする階層的な構造は、のちの近世城郭の手本となった。

文禄・慶長の役の本陣として秀吉が九州に築城した肥前名護屋城。九州の大名を動員して築き、広大な城域に石垣を巡らせた。

大坂城は、信長の後継者となった秀吉が天下人の城として築城した総石垣の巨大な城。現在の大坂城は江戸時代に徳川幕府が築城したもの。

江戸時代

幕末の海防の城に石垣が用いられた

石垣の技術は、江戸時代の初期にほぼ完成をみた。大坂の陣が終結した直後の1615（元和元）年、幕府は「一国一城令」を発して、諸大名に本拠以外の城をもつことを禁止。以降、修築工事などで石垣の技術者や職人が登用されることはあったが、基本的に新たな城を築くことはなかった。

幕末になると、外国船がしばしば日本近海に姿を現すようになり、対外的な危機意識と、海防意識が高まってきた。幕府は松前藩主の松前崇《まつまえたか》広《ひろ》に福山《ふくやま》城（松前城・北海道）、福江藩主の五島盛成《ごとうもりあきら》に石田城（長崎県）を築城させた。いずれも海に向けて砲台を設けていて、大砲を意識した新しい城だった。

さらにペリー来航で日米和親条約が締結された1854（安政元）年、開港場とした蝦夷《えぞ》地の箱館（函館）防衛のため、幕府は西洋築城法にもとづいた要塞として、五稜郭《ごりょうかく》の築城を計画。星形に配置した稜堡《りょうほ》が特徴であった。当初はさらに大規模な施設にする予定だったが、費用と時間の関係で周辺の台場や外部は不完全なままだった。

ほかにも、東京湾の品川台場や神戸港に近い和田岬砲台など、海防のため全国各地に石垣を使用した砲台・台場を築いた。

長州の支藩であった長府《ちょうふ》藩が、外国船の襲撃に備えた新しい居城として築いた勝山御殿（山口県）。総石垣の本格的な城で、その高石垣から当時の石垣技術をうかがい知ることができる。

稜堡：大砲を効果的に活用するため、城の一部を突出させた部分のこと。

五稜郭の全景（写真上）。稜堡式の城は大砲に対応したつくり。敵の侵入を防ぐために石垣上部が外に張り出したはね出しのくふうがなされている。写真の石垣では角脇石のところにタテにすき間が開いてきていて、典型的な石垣の変形の様子が見られる（写真右）。

石垣をよじ登ろうとする敵は、はね出しによって行く手を阻まれてしまう。

ペリーの来航を機に幕府が建造した砲台（台場）。この品川台場にも五稜郭同様のはね出しが見られる。

石垣のプロ集団
穴太衆とは？

信長、秀吉に認められ諸大名がスカウト

天台宗の総本山である比叡山延暦寺の麓、近江・穴太《あのう》の地にくらした石工は、古くから寺院関係の石工を務めるなど、石積みの高度な技術力をほこった職人集団として知られ、穴太衆《あのうしゅう》と呼ばれていた。

信長が、初めて総石垣づくりの城として安土城《あづち》（滋賀県）を築いたとき、この穴太衆が中心的な役割を果たした。安土城の石垣は、それまでの城よりもはるかに高く積んでおり、穴太衆の技術が、それを可能にしたという。

その後、穴太衆は技術を買われて、全国の諸大名や、信長の後継者・秀吉にも重用され、各地の城の石垣普請を任されるようになった。そうなると、石垣の技術者＝石工＝穴太衆という位置づけとなり、近江出身でなくとも、石工のことを「穴太方」などと呼ぶこともあった。

石工に限らず、職人や大工などの記録は少なく、穴太衆についても、各地に残る伝承を裏付ける文献史料は極めて限られ、その実像は明らかにはなっていない。彼らが築いた石垣、なかでも野面積《のづらづ》み（104ページ）を「穴太積み」と呼ぶことがある。しかし、実際に穴太衆が積んだ石垣には、打ち込みハギ、布積《ぬのづ》み、乱積《らんづ》みなどもあり、野面積み＝穴太積みというイメージは必ずしも正しくない。

穴太衆が積んだとされる石垣。穴太の里は、現在の大津市坂本付近と伝わる。

小田原攻めの際、豊臣秀吉は小田原城を見下ろす石垣山に、総石垣の本格的な大城郭を築いた。「一夜城」と呼ばれたこの築城には、穴太衆も参加したという。写真は、石垣山一夜城の南曲輪《くるわ》の石垣。

穴太衆を召し抱えた主な藩と手掛けた城

藩	大名家	手掛けた城
福岡藩	黒田家	福岡城、名古屋城など
柳川藩	立花家	大坂城、江戸城など
土佐藩	山内家	浦戸城、高知城など
岡山藩	池田家	大坂城、姫路城、岡山城
岡藩	中川家	岡城
福井藩	松平家	福井城

穴太が手掛けたと伝わる岡藩の岡城の石垣。

石から石垣になる工程
石垣ができるまで

①石材の調達

石切丁場という採石場で調達

石垣を積むには、まず材料の石が必要である。自然石を積む野面《のづら》積み（104ページ）と違い、打ち込みハギ（104ページ）や切り込みハギ（104ページ）の場合、石を加工するため、適切な岩脈や露頭が必要だった。巨大な岩石が比較的容易に採取できるのは、岩石が地表や崖に現れた場所で、そこに石切丁場と呼ぶ採石場を設けた。

篠島《しのじま》（名古屋城）
名古屋城築城の際は、小規模な石切丁場を多数設けた。三河湾に浮かぶ篠島にもそのひとつがあった。

小豆島（大坂城）
秀吉が大坂城を築城したとき、小豆島や家島諸島など、瀬戸内海の島々に石切丁場を設けた。

宇佐美（江戸城）
静岡県伊東市の宇佐美地区には、大きく分けて21ヵ所の石切丁場があり、江戸城に石材を供給していた。

石切丁場の主な条件

- ①石質が良好
- ②採掘が容易
- ③埋蔵量が多い
- ④需要地に近い
- ⑤運搬に便利

石材の輸送を考えると、石切丁場は城にできるだけ近いところが良い。しかし、平地につくった城などの場合、近隣に適地を見つけることはなかなか難しい。遠隔地であっても、川や海などに近い場所であれば、水運によって石材を運ぶことができた。

城によっては、山を切り崩すなどの整地の過程で、自然に石が採れる場合もあった。織田信長の安土《あづち》城（滋賀県）の場合などは、ほとんどの石材を近隣の山地から採りだすことができた。

江戸城や名古屋城など、天《てん》下《か》普請《ぶしん》による大規模工事の場合、御用丁場と呼ばれる官営の採石場も各地に設けた。最も知られているのは西相模から伊豆にかけての西相《せいしょう》採石地帯だった。

石垣コラム

石質によるちがい

石垣の石材には様々な石を使用したが、もっともポピュラーなのは花崗《かこう》岩で、次いで安山《あんざん》岩を多く使った。ともに耐久性に優れた堅牢な石質で、安山岩は耐火性にも優れた特徴があった。地域によっては、玄武《げんぶ》岩や凝灰《ぎょうかい》岩、砂《さ》岩、石灰岩なども使用した。

花崗岩は角張っていて成形しやすいという特徴があった。安山岩は角が丸く、薄く剥がれやすい石質なので、薄い石を積み上げたような形状となった場合が多く、採石しやすかった。同じ城でも、石垣の造成時期によって石質が異なったこともあり、築城時期を特定する手掛かりになる。

花崗岩で積んだ江戸城の天守台石垣。

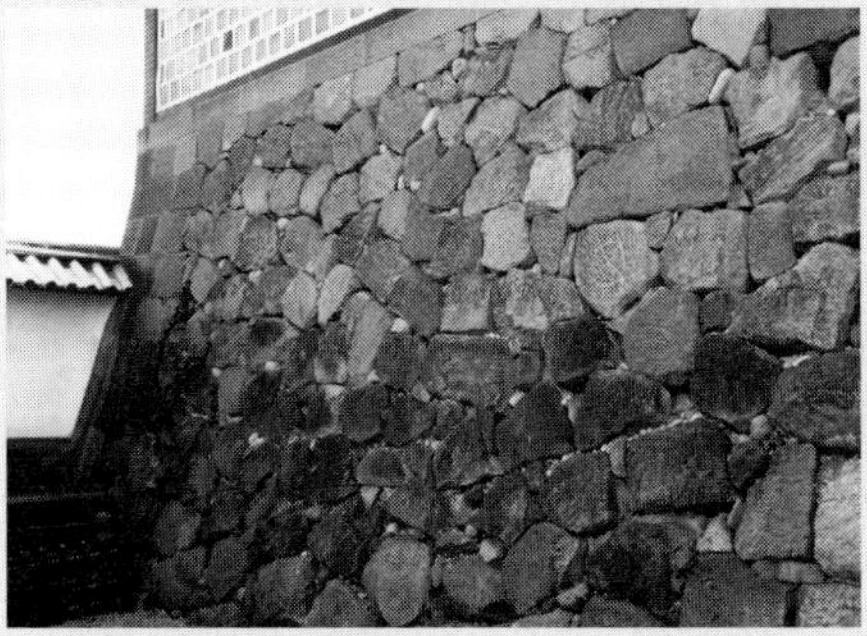

安山岩の一種「戸室《とむろ》石」で積んだ金沢城の石川門石垣。

❷採石方法

石を割る「矢穴技法」

石垣の石材となる石のうち、野面《のづら》積み石垣であれば地中からそのまま掘り出したものを使ったこともあるが、切《きり》石《いし》の石垣となると、巨岩から切り出して成形する必要が出てきた。

石材の加工は、石切丁場で行った場合と、石材を運搬するために運び出した石置き場で行った場合と、築城現場に運びこまれた後、石積みの現場で行った場合とがあった。いずれにせよ、まずは石切丁場において、巨岩や岩盤から石を割って、採石する必要があった。

その方法が、「矢穴《やあな》技法」であった。これは、まず巨石に「矢穴」という穴を穿《うが》つところからはじめた。金槌で矢穴を点線状に彫ると、この点線が分割の予定線となった。矢穴を彫ったら、そこに鉄製のくさびの「矢」を差し込み、上から金槌で叩いた。すると、矢が少しずつ巨石に食いこみ、ある程度食いこむと巨石に亀裂ができ、割れるという仕組みであった。

自然石ではなく、巨石を割って石材にすれば、大きさや質が安定し、効率的に積むことが可能になった。矢穴技法は、石垣の発展に大きな影響を与えたが、実際に石を割るためには、石の割れやすい方向を見極める必要があり、専門的な技術が求められた。

石を割ったものの何らかの理由で石垣に使用されずに放置された石を「残念《ざんねん》石」という。矢穴や刻印が彫られている石が、石切丁場や城内に残された。写真は大坂城の残念石。

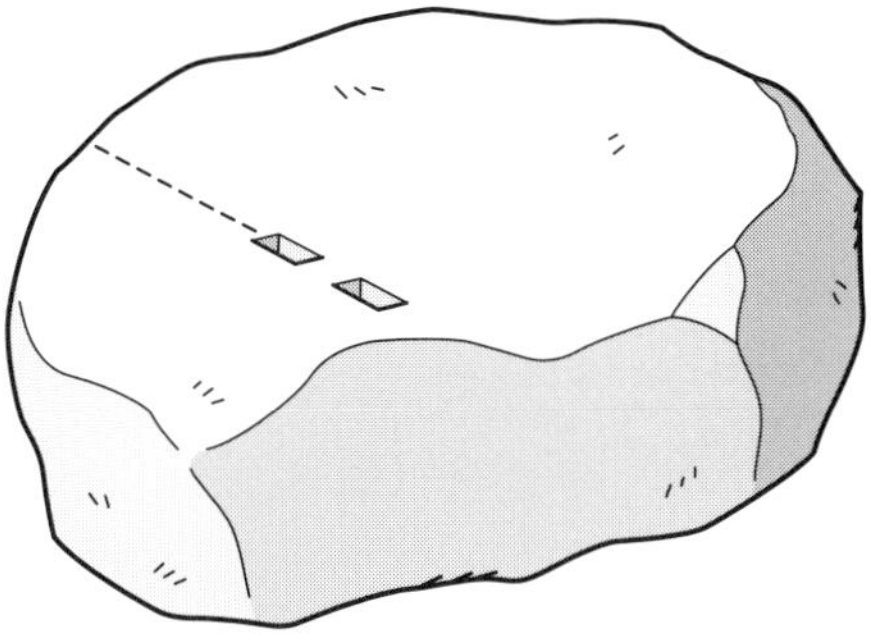

まずは巨石に「矢穴」を点線状に彫り込む。石が割れやすいウィークポイントを見つけるのが石工の技術だ。

矢穴を彫り込んだら「矢」を差し込み金槌で強く叩く。こうすることで、巨大で強固な石もきれいに割ることができた。

石を割るとき、矢穴に差し込んで使った鉄製の矢。

積まれた石垣をよく観察すると、石を加工しようとしたときに彫ったが、そこで切断しなかった矢穴が残っていることがある。写真は萩《はぎ》城(山口県)の石垣に残った使わなかった矢穴。

修羅

古代以来、石材の運搬には修羅が使用された。絵図のような大石の場合、100人ほどの男が綱を曳いた。

太鼓や法螺貝

大きな石材を修羅に載せて運ぶとき、太鼓やドラ、法螺貝《ほらがい》を鳴らし、綱の曳き手たちの調子を合わせるようなこともあったという。

慶長期（1596 ～ 1615年）の築城を描いたとされる。「築城図屏風」。（名古屋市博物館蔵）

③運搬

石の大きさによって運搬方法は異なる

石切丁場から切り出した石は築城の現場に運搬した。石は重いため、長距離の陸上輸送は難しく、水路で運ばれることが多かった。江戸城の場合は、伊豆半島で採れた石を石船《いしぶね》の甲板に平積みに載せて東京湾に運び込み、陸揚げした。

実際の運送手順は、石切丁場から港まで運び出す「山出し」、港から船に荷積みした「舟積み」、海上輸送した「浜出し」、港で荷を下ろした「水上げ」、人工の堀（運河）や河川で荷を運んだ「堀川」、修羅《しゅら》と呼ばれる木製の巨大なソリに載せて運んだ「修羅引

荷車
人力で曳く場合もあったし、牛車のように牛に曳かせることもあった。

石持棒
２本の頑丈な木の棒（担ぎ棒、石持棒、石棒などと呼ばれた）で石を挟み、縄で縛りつける。棒の前と後を運び手が肩に担いで運んだ。

き」という順番で進めた。

陸上輸送に使った修羅は、下にコロと呼ばれる丸太をたくさん敷き、大勢で綱を曳いて運んだ。10トンを超える巨石も運ぶことができたという。やや小さな石には直接縄をかけ、下にコロを敷いて引っ張ったり、荷車に載せて運んだ。もっと小ぶりな石になると、縄で縛って木の棒にぶら下げる「釣り出し」で運んだり、石持棒《いしもちぼう》という２本の木の棒の間に挟み、神輿《みこし》のように担いで運んだようだ。

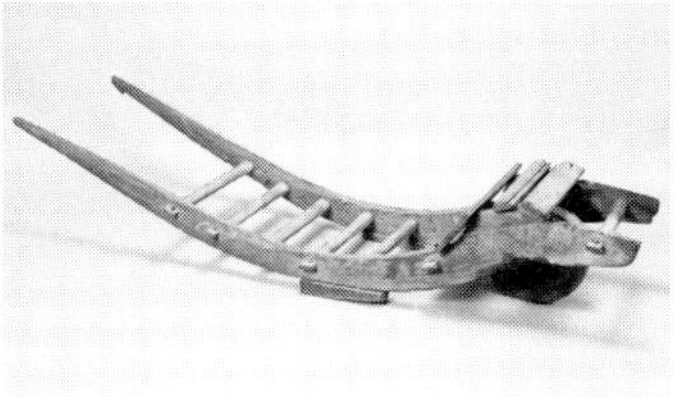

石の運搬用具のひとつ、ネコグルマ（石の民俗資料館蔵）。近代に使用された石工道具で、国指定重要有形民俗文化財「牟礼・庵治の石工用具」のひとつ。

④基礎工事

土台、裏込石、築石の3層構造

石を調達し、石垣築造予定地まで運んできたら、いよいよ石を積み上げた。石垣は、ただ地面に石を置いていったのではない。土台、裏込石《うらごめいし》（栗石《ぐりいし》）、築石《つきいし》と、石垣は大きく3層に分かれていた。

まず、石垣を積み上げるには、土台になる地面の工事が必要だった。盛り土か切り土を行い、地盤をつくったが、このとき、土台になる部分に溝を掘る、根切り（掘り込み地業）を行った。石垣の最下層となる土台の石・根石《ねいし》を安定させるためであった。

もし、地盤が軟弱な場合は、石垣の重さに耐える仕掛けが必要だった。特に水堀の底は、地盤が弱いことが多く、胴木《どうぎ》を設置した。堀底に、太い木を敷き、位置がずれないよう杭（松杭《まつぐい》）で地面に留めた。この胴木の上に根石を並べていった。

胴木は上に載る石垣の重さを分散して不等沈下を防ぐ役割を果たした。胴木は松の木が多かったが、これは樹脂分が多く、水中で腐敗しにくいからだった。

石垣を支えた様々な石

胴木を敷いたら根石を載せ、その上に築石を積んだ。築石は、石垣の表面を覆う石である。この築石を重ねてゆくことを「築《つ》き上げる」といっ

清須城（愛知県）の移設復元した石垣。一番下の胴木や、根石の上に築石を載せたのがわかりやすい。この場合は横木を2本入れている。

盛り土・切り土：盛り土は、土を盛ること。切り土は、自然地形の斜面を削ること。盛り土して築いたものを「土塁」、切り土して築いた曲輪周囲に施した人工斜面を「切岸《きりぎし》」という。

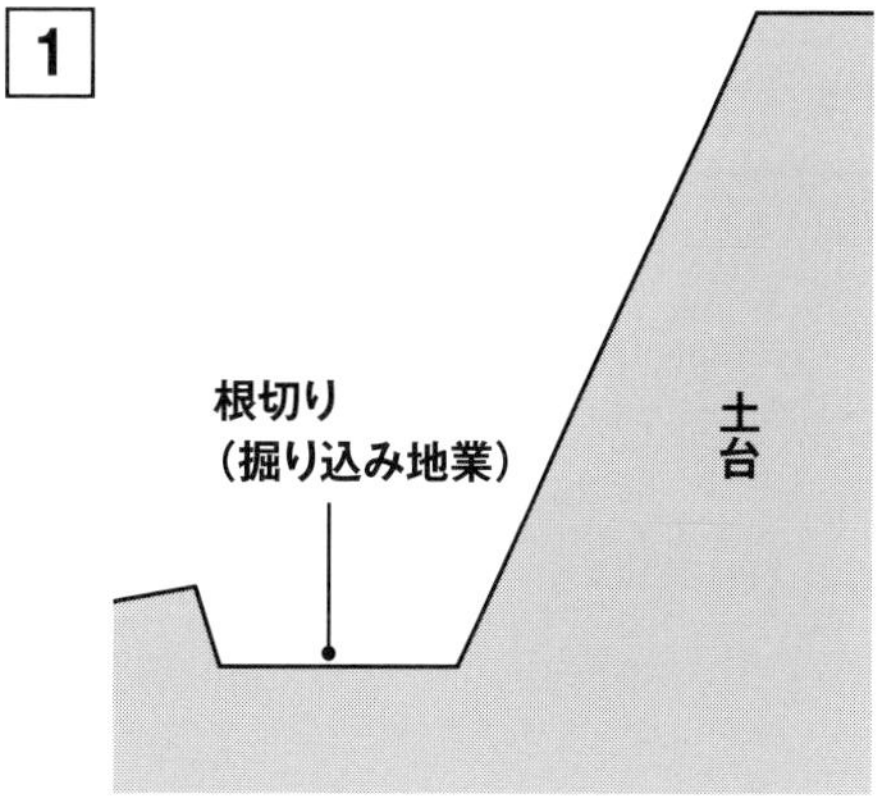

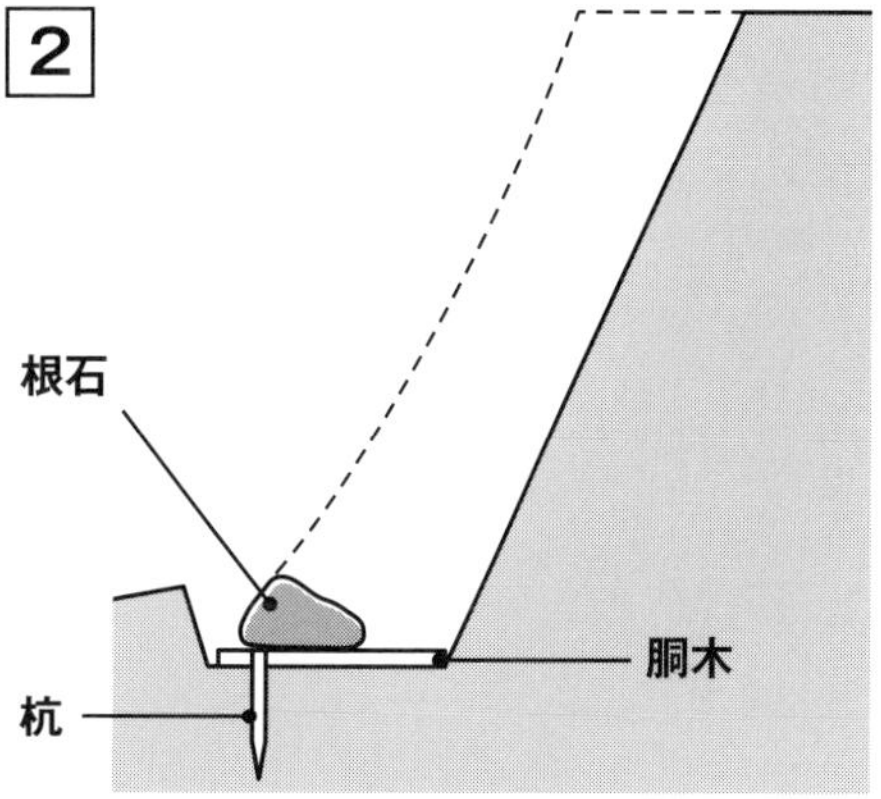

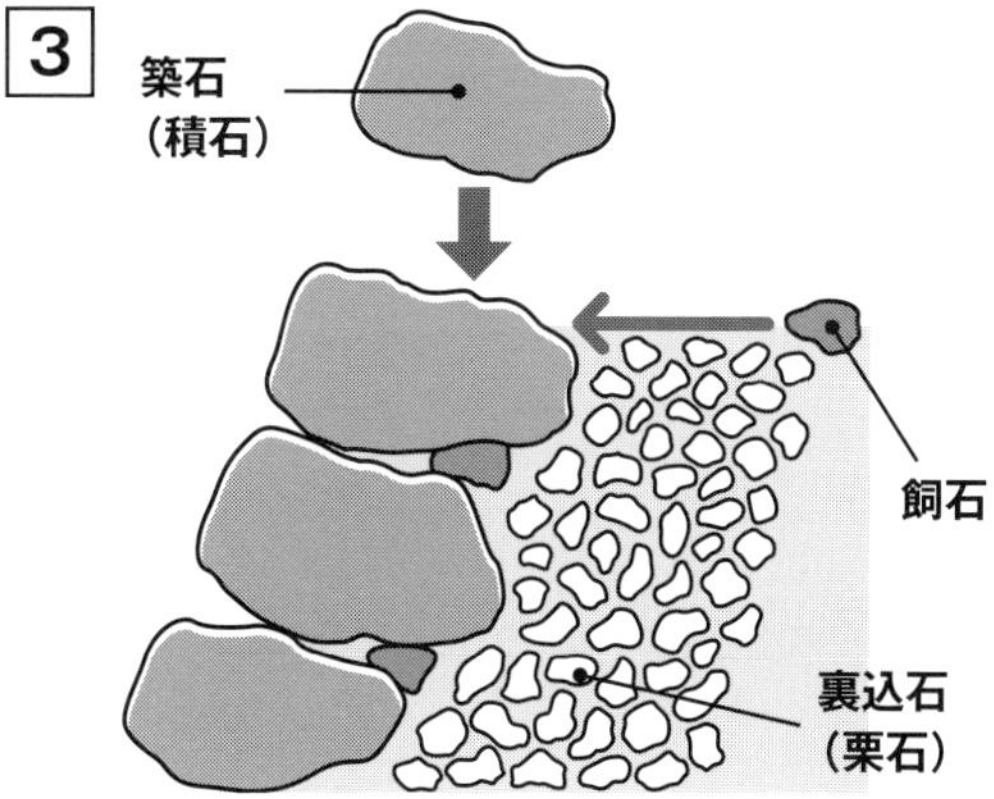

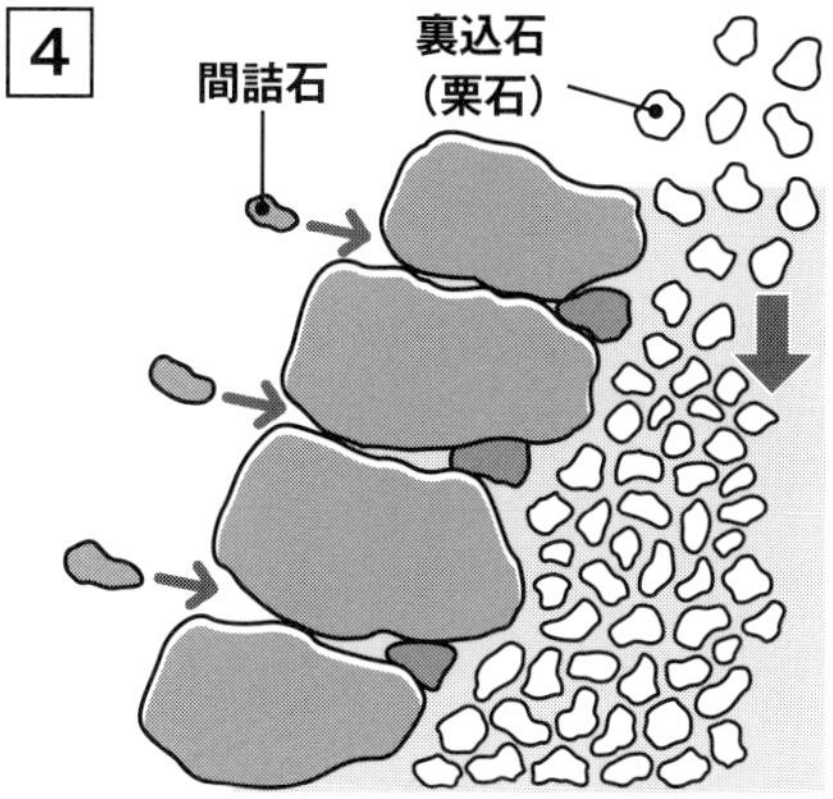

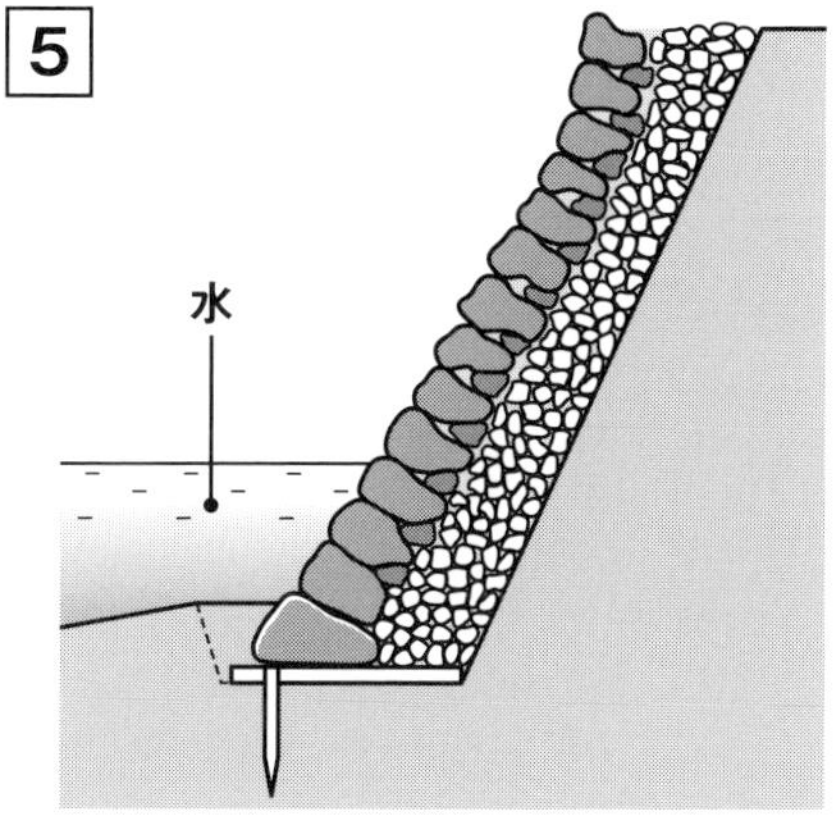

1 自然の崖を使うか盛り土・切り土をして傾斜を作り出す。底となる部分を根切りする。
2 胴木を敷いてその上に根石を並べる。（胴木を敷かない場合もあった）
3 根石の上に築石を積み上げ、石と石との間に飼石を置いて安定させる。石垣の背後に裏込石を敷き詰める。
4 裏込石を敷き詰め、石垣の表面の隙間に間詰石を詰める。
5 水堀の場合、堀に水を導き入れる。

石積みの様子を描いた『築城図屏風』(名古屋市博物館蔵)

た。築石を「積石《つみいし》」とも呼ぶ。積み上げた石の、最も上にある石を天端石《てんばいし》と呼ぶ。

築石の背面は石と石の間に隙間が生じていた。この隙間を埋めるのが、飼石《かいいし》と呼ばれる石である。築石の隙間に飼石を詰めることで、石同士を固定したのである。

築石と飼石で石は固定されるが、ここでさらに奥に裏込《うらごめ》石《いし》(栗石《ぐりいし》)という細かな石を、ぎっしりと詰め込んだ。これは、石垣の水はけをよくするためであった。石垣に雨が降ると、背面土《はいめんど》中に水が溜まり、その水圧で石垣の石を押しだしてしまうことがあった。また裏込石があることで、地震の際に背面土と築石の揺れの違いを緩和して、石垣を崩れにくくした機能があった。

築石を据え、飼石と裏込石を詰めたら、築石の表面に間《ま》詰石《づめいし》を詰めていく。築石と飼石で石同士は固定されているものの、石垣の表面を見ると石と石との間に隙間があった。その隙間に詰めるのが間詰石であった。

間詰石は石垣表面の隙間をふさいで平滑な石垣面を生み出しただけでなく、地震の際に築石と築石が直接当たって割れるのを防ぐ重要な機能をもった。

なお、間詰石が用いられるのは、築石に隙間が生じやすい野面積《のづらづ》みや打ち込みハギの場合である。石を完全に成形して隙間なく積む切り込みハギの場合は不要だった。

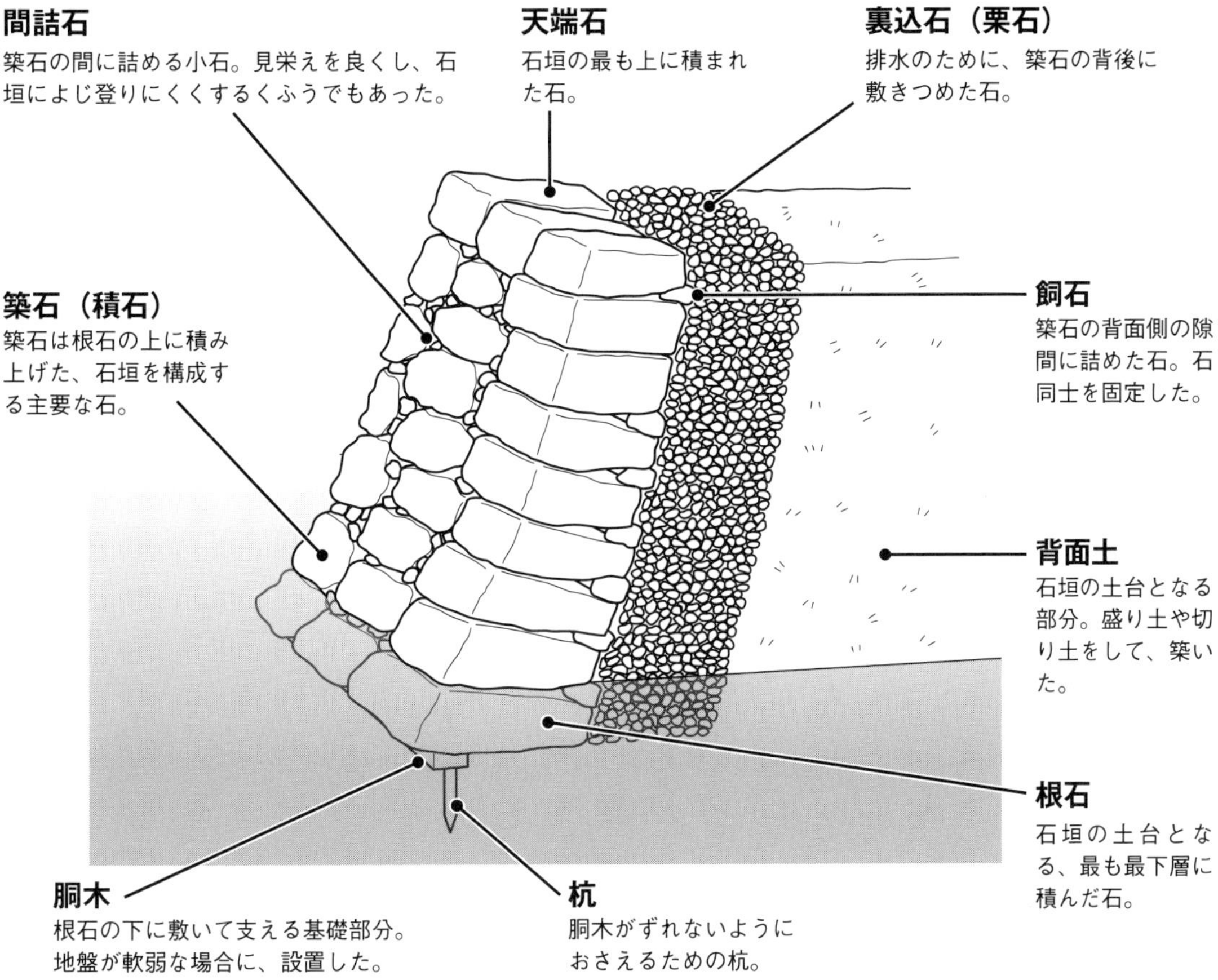
間詰石
築石の間に詰める小石。見栄えを良くし、石垣によじ登りにくくするくふうでもあった。
天端石
石垣の最も上に積まれた石。
裏込石（栗石）
排水のために、築石の背後に敷きつめた石。
築石（積石）
築石は根石の上に積み上げた、石垣を構成する主要な石。
飼石
築石の背面側の隙間に詰めた石。石同士を固定した。
背面土
石垣の土台となる部分。盛り土や切り土をして、築いた。
根石
石垣の土台となる、最も最下層に積んだ石。
胴木
根石の下に敷いて支える基礎部分。地盤が軟弱な場合に、設置した。
杭
胴木がずれないようにおさえるための杭。

安土城の石垣。築石の隙間には、間詰石が見られる。

兵庫城の発掘調査の様子。裏込石が確認できる。

石垣の様々な分類

加工技術と積み方

石の加工具合で年代がわかる

鎌倉・室町期に築いた中世城郭と呼ばれる城の主な防御施設は、土塁であった。しかし、土塁は大雨が降ると地盤が緩み崩れてしまうことが多かった。そこで土塁の表面に石を張り付けて保護する「張《はり》石《いし》」の技術もあったが、一般化はしなかった。

16世紀後半になると、石を直接組み合わせて築き、石の自重で安定させる「空《から》積《づ》み」が編み出され、全国に広がった。現在目にする石垣のほぼすべてが、この工法である。

空積みの石垣も、石の加工法によって3つに分かれる。自然の石をあまり加工せずに積んだ「野《の》面《づら》積《づ》み」は、最も古いタイプだが、幕末に古い石垣を解体して再利用した野面積みもあった。築《つき》石《いし》同士の接合部分（合《あい》端《ば》）を加工し隙間を減らした「打ち込みハギ」は石垣の城が急速に増えた16世紀末に広く普及。石を完全に成形し、隙間なく積んだ「切り込みハギ」は、大坂の陣後の元和年間（1615～1624年）以後に普及した工法であった。切り込みハギが一番新しい積み方だからといって、最も優れていたわ

野面積みの宇和島城長門丸門の石垣（愛媛県）。浜松城天守台石垣（105ページ写真）も同じ野面積みだが、角石は自然石を使用。一方、浜松城よりもあとに築造した宇和島城石垣は、加工石を角石に使用した。

[野面積み]

自然の石を使った。

築石同士の隙間が空くので、間詰石を詰めた。

浜松城天守台の石垣。

- 水はけが良い。
- 打ち込みハギ、切り込みハギの石垣と比べて、耐久性は劣らない。

[打ち込みハギ]

築石の接合面を削って積んだ。

間詰石を隙間に詰めた。

金沢城石川門枡形内東面の石垣。

- 野面積みよりも石垣を高くできた。
- 築石の隙間が少なくよじ登りにくい。

[切り込みハギ]

まったく隙間がなかった。

間詰石は使わなかった。

江戸城中之門の石垣。

- 築石の隙間がなく、よじ登るのは困難だった。
- 整然と石が並ぶ姿が美しい。

けではない。野面積みや打ち込みハギは、石と石の間に隙間が空いており、その隙間に間詰《まづめ》石（102ページ）を詰めた。地震が発生したら、これがクッションの役割を果たしたのである。間詰石が地震で割れてしまったら、そこだけ詰め直せばよかった。

切り込みハギの場合は、地震で築石同士が衝突するため、築石が割れてしまうことがあった。なお、切り込みハギでは、築石同士を連結した「契《ちぎ》り」（30ページ）という補強材を用いて、石垣のズレや崩落を防いだこともあった。

積み方は布積みと乱積みの2種

石垣の石の積み方は、石の並び方に着目すると基本的に2種類である。四角く加工した石の列が、横にそろって並んでいる積み方を布積《ぬのづ》みと呼び、石の列が横一線にそろっていないものを乱積《らんづ》みと称する。

布積みは、石材を横一列に並べてから、一段ずつ積んでゆくので、おおむね同じ高さの石を選ぶか、同じ高さに加工した石を用意する必要があった。しかし、石積みの工程自体には高度な技術は必要としなかった。

乱積みは、石の大小や、縦、横などの向きを不規則に積んでゆくので、石垣表層の横のラインがそろわなかった。雑然と石が並んでいるように見えるが、安定した石垣となるように、石同士の最適な組み合わせ具合を考えながら積まなければならず、実は高度な技術が必要とされた。

切り込みハギで隙間なく積んだ、高松城（香川県）の旭門枡形石垣。切石を規則正しい布積みではなく、乱積みで積むことは、高い技術力が必要であった。高松城では、あえて乱積みにして、技術力をアピールしたと考えられる。

[布積み]

江戸城天守台の石垣。布目積み、整層《せいそう》積《づ》みとも呼ばれる積み方。横目地が通っているので、見た目が美しい。打ち込みハギ、切り込みハギとの組み合わせが非常に多い。

[乱積み]

金沢城石川門枡形内東面の石垣。乱層積みとも呼ばれる積み方。石を不規則に積み上げる工法で、横目地が通らない。乱積みで強靭な石垣を積むには高度な技術を要した。

その他の積み方

[落とし積み]

石表面の対角線が縦になるように石を斜めにして、落とし込んだように積む積み方。江戸時代後期の新しい石垣に見られる。谷積みとも言う。写真は岡城。

[亀甲《きっこう》積み]

六角形に成形した石を巧妙に組み合わせた積み方。亀の甲羅の形状に似ていることからのネーミング。江戸時代後期の、比較的低い石垣に見られる。写真は松前城。

防御力や耐久性が上がる
構造のくふう

日本の石垣特有の勾配と反り

日本の城の石垣は、中国や朝鮮半島の影響を強く受けたが、勾配（傾斜）がついているという際立った特色もあった。中国や朝鮮半島の石垣は、ほとんど垂直にそそりたつ形状であった。

防御力の点から見れば、垂直に近い石垣の方が優れていた。にもかかわらず緩い勾配をつけたのは、高く築いた石垣を安定させて崩れにくくするためであった。地震大国である日本ならではの技法といえよう。

一般的には野面積《のづらづ》みがもっとも勾配が緩く、打ち込みハギ、切り込みハギの順に急勾配になったとイメージするが、古い野面積みではしばしば垂直の石垣を築くこともあった。単純な発達史観で石垣を考えてはいけない。

また、日本の石垣のもう一つの特徴は、石垣の上部につけた美しい反りであった。反りは石垣の中腹から最上部にかけて少しずつ勾配が急になることによってできた。織豊《しょくほう》期の城から見られ、関ヶ原合戦以降に一般的になった。

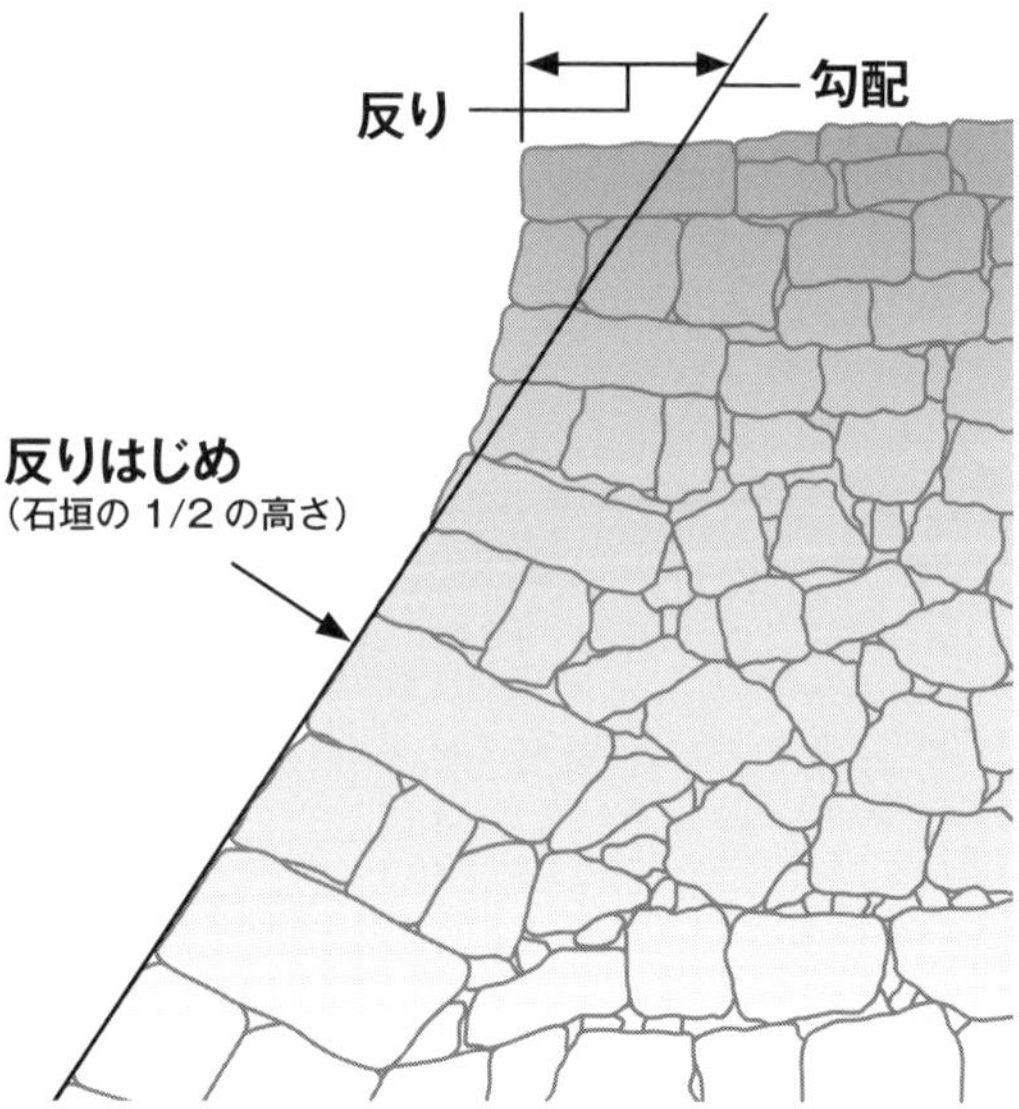

反りは敵の侵入を防ぐ効果もあるが、石垣の強度を高めるくふうでもあった。「扇《おうぎ》の勾配」とも呼ばれた。石垣の下半分はほぼ直線で、上部にかけて反り、最上部では垂直になった。

「扇の勾配」と呼ばれる美しい曲線の反りを施した萩城（山口県）の石垣。最上部は垂直なので、敵を跳ね返す武者返しの効果があった。

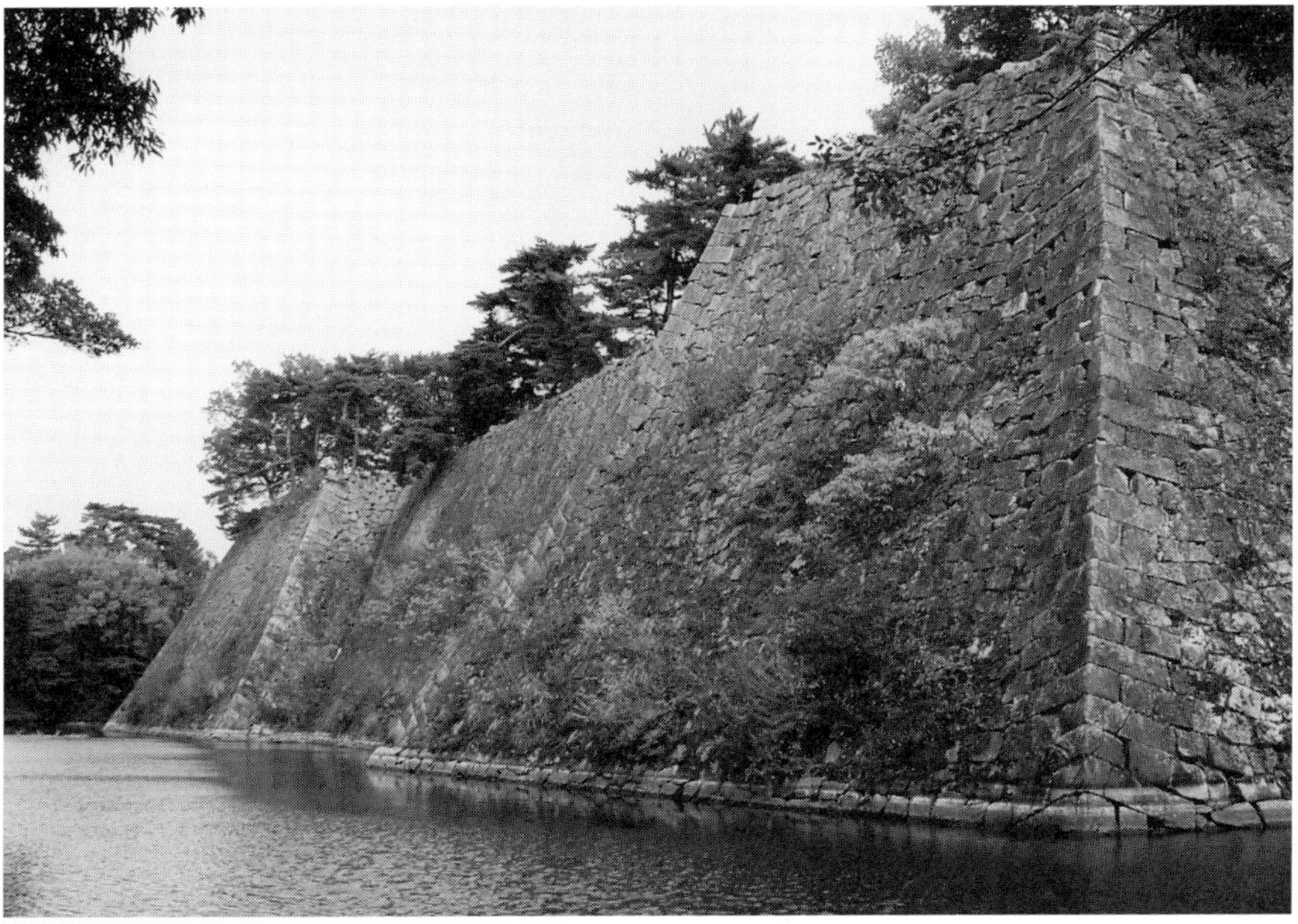

藤堂高虎《たかとら》が築いた伊賀上野城（三重県）の石垣は、反りがない一直線の石垣であった。

算木積みが石垣年代の目安になる

石垣の角（隅）部分は崩れやすかったので、最も念入りに、そして強固につくった。そのため、この部分には、通常より大きな石を丁寧に加工して使うようになった。

多くの場合、直方体に加工した石を使用し、長辺と短辺を一段ごとに互い違いになるように積んだ。長辺が短辺の石だけでなく、その隣の石をも挟み込むので、隅部の強度は格段に上がった。この手法は、直方体の角石《すみいし》の形がかつて計算に使われた算木に似ていることから、「算木《さんぎ》積《づ》み」と呼ぶ。天守台の石垣など、城の目立つ箇所に多用された。角石の長辺の上下には、「角脇石《すみわきいし》」を積んだ。

この算木積みに注目すると、石垣の大まかな築造年代がわかる。算木積みは織豊《しょくほう》期の天正年間（1573～1592年）から見られるようになるが、石垣の技術として完成したのは、江戸幕府開幕後の1605（慶長10）年頃のこと。そして大坂の陣が終わった1615（元和元）年以後、新たな城を築くことは少なくなった。

なお、算木積みのほかに「重ね積み」という角石の積み方も存在した。大きさや形が似た石を選び、角石として積んだ工法であった。戦国・織豊期の城では、算木積みと併行して用いたが、慶長末期には算木積みにほぼ統一されて、見られなくなった。

熊本城の二様《によう》の石垣。手前が築城当初の重ね積みの石垣で、後ろがのちに増築した算木積みの石垣。技術の発達がわかる。

算木積みの積み方

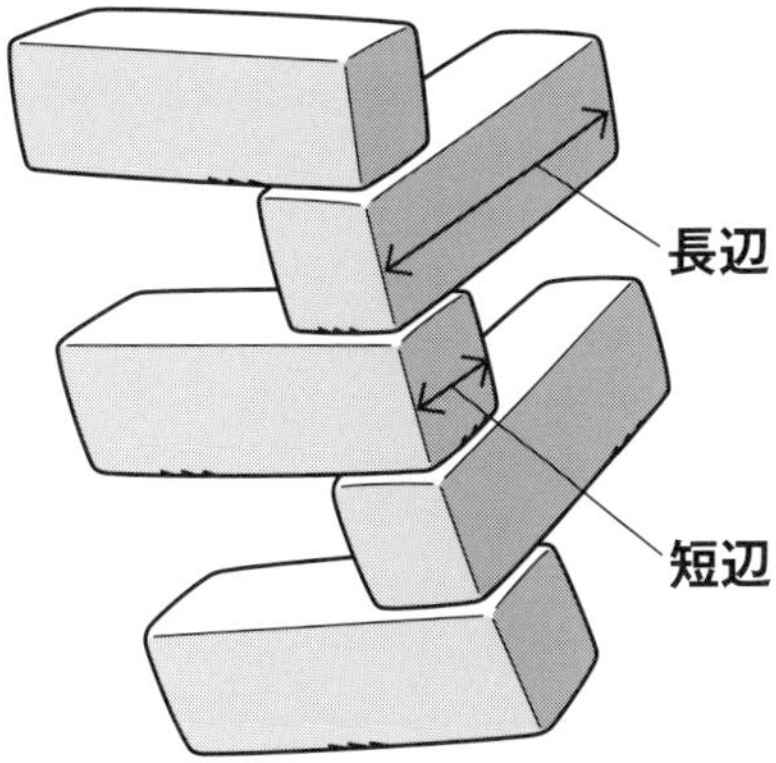

直方体の石を、長辺と短辺が交互になるように積み上げたのが算木積み。長辺が短辺の2～3倍の長さをもつのが理想的だが、江戸時代中期以降の石垣では、1.5倍程度になった。写真は大坂城の天守台北西隅石垣。

隅部を重ね積みで積んだ。名護屋城の旧本丸石垣。

石が時代相や権威を物語る
石垣の細部を見るポイント

石の大きさや加工には意味があった

石垣は、いうまでもなく城の防御力を強化するために築いた。しかし、高く整然と積んだ石垣には、城主の権力と権威を家臣や領民、あるいは他国の領主に見せつけた効果があった。

権力の象徴としての効果を最大限に活かすため、石垣には様々なくふうを加えた。石材を加工して組み合わせた切り込みハギや、石垣のなかに通常の石材より飛びぬけて大きい巨石をはめ込んだ事例も、全国の城で見られた。その巨石を「鏡石《かがみいし》」という。特に枡形《ますがた》など、多くの人の目に触れる場所に鏡石は見られ、城主の権勢を見せつけていた。

石を積み上げた後、表面を鉄のノミで削り凹凸をなくす「化粧」も、石垣を強く、美しく見せたくふうだった。この作業を、石垣を「はつる（薄く削り取ること）」と呼ぶ。石垣の隅部に積まれた角《すみ》石《いし》には、特に念入りにはつりが施され、角石が描く稜線がきれいな一直線になるよう仕上げた。

石の形や色を意図的に変えて組み合わせた切り込みハギの石垣もあった。特に金沢城では、モザイク状に組み合わされた石の色と形状の取り合わせが、今も見る人の目を楽しませている（8ページ）。

大坂城の鏡石は特に巨大な石を使った。本丸桜門の枡形にある「蛸石《たこいし》」は最大級の大きさである。

1センチメートルほどの小さなはつりを、細かく万遍なく施した「はつり仕上げ」。風化によって見えづらくなっている場合があるが、やや斜めから見るとわかりやすい。写真は江戸城大手三の門の石垣。

石のはつり方のひとつで、石の表面をすだれのように縦筋に削り取った仕上げ方。「すだれ仕上げ」「すだれがけ」という。その多くは、現在でも視認することができる。写真は江戸城汐見坂周辺の石垣。

初期の石垣には様々な石材を利用した場合があり、「転用石」と呼ぶ。姫路城乾小天守の石垣の北面には、老婆が寄進したと伝わる小さな石臼が見られる。

魂抜きをした石塔や石仏を石材に用いた「転用石」は各地の城郭石垣で見られた。写真は福知山城天守台（京都府）の石垣。

修復工事で石垣を残す

石垣の維持と修復

弘前城の石垣解体修理

弘前《ひろさき》城（青森県）は日本列島最北の現存天守が残る城として知られ、春の桜や秋の紅葉は、日本を代表する文化的景観である。

津軽を統一した津軽《つがる》為信《ためのぶ》が、堀越《ほりこし》城（青森県）から移転したのち、１６０３（慶長８）年から弘前城を築き始めた。城の工事は2代信枚《のぶひら》の１６１１（慶長16）年頃に完成し、五重の天守と馬出しを備え、本丸を高石垣で囲んだ典型的な織豊《しょくほう》系城郭になった。

創築期の天守は本丸の南西隅にあったが、１６２７（寛永４）年の落雷で焼失し、天守台石垣も熱を受けて破損したと思われる。１６９５（元禄８）年に弘前藩は当初の天守台石垣を大修理して、そのとき四角く整えた切石《きりいし》を、「契《ちぎ》り」と呼ぶ金属で固定した最新技法を取り入れた。

その後長らく弘前城に天守はなかったが、１８１０（文化７）年に現存する三重天守が本丸の南東隅に完成した。一階の外壁を支えた「側柱《かわばしら》」のひとつ内側に据えた「入側《いりがわ》柱《ばしら》」が天守の上の階の外壁を支えた通し柱になる合理的構造をもった層塔式天守であった。

天守の壁は弾丸の貫通を防ぐため、内部に小石層を備えた実戦を意識したものであった。現存天守の天守台石垣を含んだ本丸南面石垣は、明治～大正時代に大修理を受けたが、再び変形が進み、２０１５（平成27）年に天守を本丸中央へ曳屋《ひきや》し、翌年から石垣の解体修理を開始した。

この現存天守台石垣の解体調査で、角石《すみいし》に１９１５（大正４）年の紀年銘が見つかり、また鉛を用いた近代の契りも発見。２０２１年頃までに修理は完了し、もとの姿を取り戻す予定である。

側柱：建物の外側の柱。

弘前城の本丸に石垣を築いたのは築城から約80年後（4代藩主津軽信政の時代）。この部分は明治〜大正期に崩落しており、今回も石垣の変形が確認され、放置すると再び崩落してしまう恐れがあった。

石垣の修理に至るまで

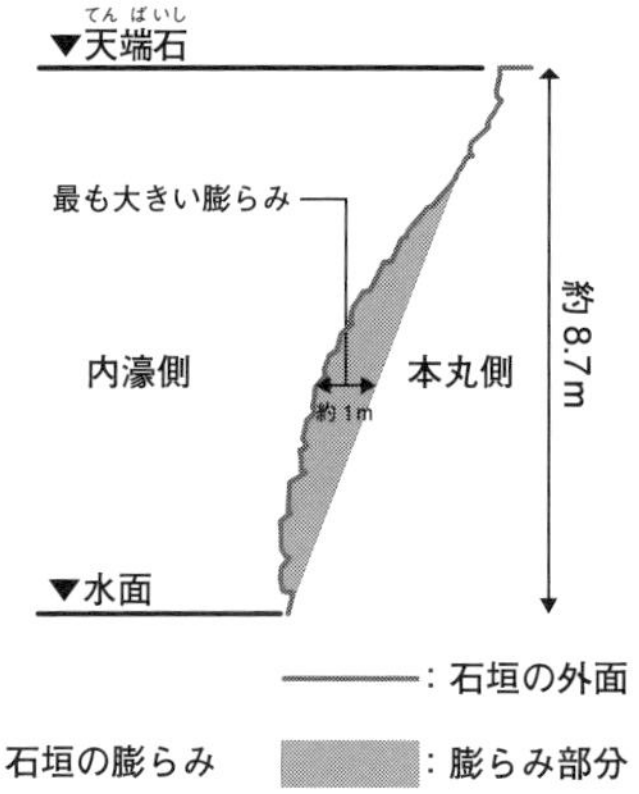

石垣の崩落原因のひとつは、石垣奥の土中に水が溜まり、水圧で石を押し出すことによって起きる。弘前城の本丸石垣は、1983（昭和58）年の日本海中部地震後、変形が進んだので、石垣修理が決定した。

過去の修理の痕跡

石垣修復工事に伴う調査により、過去の石垣修理の痕跡が発見された。

石同士を固定する契り。大正の修理のときのもの。

天守台南東から発見された刻印。大正の修理の際に彫られた。

曳屋：建物を解体せずに、そのままの形で移動させること。弘前城も石垣修復の間、天守を移動して石垣の工事を行う。

熊本城の石垣修復調査

調査により新たにわかったこと

修復調査によって新たな発見が

日本を代表する近世城郭である熊本城は、１５８８（天正16）年に加藤清正が、中世の隈本《くまもと》城を改修したことに始まった。清正は１５９９（慶長４）年に現在の本丸を中心にした新城の工事に着手し、１６０７（慶長12）年頃には、およその姿が完成したと考えられる。

１６１１（慶長16）年の清正死去後も加藤家をついだ忠《ただ》広《ひろ》がさらに工事をつづけ、高石垣をいく重にもめぐらし、天守のほかに五階櫓が５つもある強固な城を完成させた。

１６３２（寛永９）年に忠広が改易になると、細川忠利《ただとし》が熊本城主になった。忠利は熊本城にいくつかの改修を加えた。本丸南西の「二様《によう》の石垣」は、加藤時代の石垣に忠利が新たな石垣を積み足したもので、石垣技術の発達を考える重要遺構である。

清正の石垣は「清正《せいしょう》流」と呼ばれ、みごとな曲線の高石垣は、高く評価されている。しかし清正の石垣がすべて優れていたのではなかった。

たとえば清正の石垣は角石《すみいし》を互い違いに石の長さを変えた「算木積《さんぎづ》み」にせず、ほぼ同じ形の石を上下に積んだ「重ね積み」を用いた。熊本城大天守台石垣はその典型である。つまり後には淘汰された技術を使っていたのである。

一方で熊本城を受け継いだ細川家は、１７０４（元禄17）年頃に切石《きりいし》を金属の「契《ちぎ》り」でつなぐ、当時の最新技術を取り入れていたと推測される。熊本城の石垣を語るとき、清正だけが評価されてきたが、細川家の石垣もしっかりと評価していく必要がある。熊本城の震災復旧調査のなかで、これからも新しい発見はつづくだろう。

2016年に起きた熊本地震で、熊本城の石垣は500面も変形したり、崩壊した。調査にもとづいた修復工事が進んでいる。20年後の2036年に城全体の修復を目指す。写真は熊本城の大天守と小天守。

石垣の地震被害は、大天守台より小天守台のほうが大きかった。原因は、小天守台の建つ場所の地盤にあった可能性が高い。天守台は、もともと大天守のみだったが、のちに小天守台を増築。小天守台の建つ場所は谷だったらしい。写真は、大天守が独立して建っていたときの、大天守石垣北面。小天守の石垣を、修理のためにはずしたため、石垣を見ることができた。修理が完了すると、再び見ることはできなくなる。

小天守北東の石門の石垣に、石同士を固定する「契り」を発見した。石門内の石垣石材に「元禄十七年」（1704年）とあり、細川時代の遺構とわかる。清正の石垣が称賛されがちだが、細川家も当時最新技術を取り入れて修繕にあたっていたことが見えてきた。

独自の発展をとげた石垣の城

沖縄のグスク

世界遺産の城もある琉球の城

城には様々な地域的な特色があるが、なかでも沖縄の城は独特である。「城」と書いてグスクと呼ばれる城の遺跡が300以上残っている。

グスクの成り立ちには、信仰の聖地（御嶽《うたき》）だったとする「聖地説」も過去にあった。だが、考古学的研究から、集落を石で囲ったものとする集落説から、権力者の軍事拠点であった城館に発達したと判明している。

グスクの特徴のひとつは、石垣によって囲んだものが多く見られることである。グスクに石垣を使用するようになったのは、本土の城が石垣を導入した時期よりも約100年も古い14世紀頃と考えられている。

その石垣は、主に沖縄の琉球石灰岩を使った。古いものから野面積《のづらづ》み、布積《ぬのづ》み（切石《きりいし》積《づ》み）、亀甲積《きっこうづ》み（相方積《あいかたづ》み）に分かれる。本土の城と同じように、野面積みは自然石を積み上げたもの。布積みは四角く加工した石を、横にラインが通るように並べて積む方法であった。亀甲積みは石を多角形に加工し、互いに噛み合うように積む方法であった。

城を囲む城壁が優美な曲線を描くのがグスクの最大の特徴で、石垣上におかれる物見台やアーチ型の門なども、本土とは違う沖縄独特の形態をもっている。

2000（平成12）年、沖縄本島南部を中心に点在するグスクと琉球王国時代の史跡群は、「琉球王国のグスク及び関連遺産群」の名称でユネスコの世界遺産（文化遺産）に登録された。琉球王朝の王城で、最大のグスクでもある首里《しゅり》城跡のほか、今帰仁《なきじん》城跡、座喜味《ざきみ》城跡、勝連《かつれん》城跡、中城《なかぐすく》城跡の各グスクが含まれ

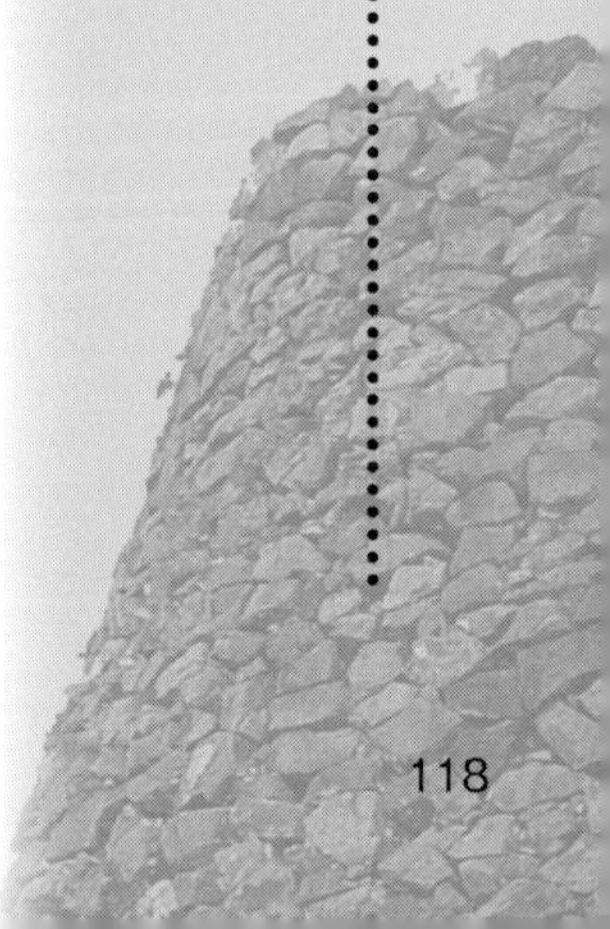

大小様々な自然石を積んだ野面積み。写真は今帰仁城の石垣。

直線的な本土の石垣に比べて、グスクの石垣は地形を利用しながら曲線を描いた。写真は今帰仁城。

四角く加工した石を、横のラインを揃えて積んでいった布積み。写真は糸数城の石垣。

アザナとは、物見台のこと。城門の両脇や、城壁を突出させて設けた。写真は糸数《いとかず》城。

五角形や六角形に加工した石を、噛み合わせるようにして積んだ亀甲積み。写真は座喜味城の石垣。

ほとんどの門が、石垣の一部を開口し、上部をアーチ状にした門であった。写真は座喜味城。

蛇行する今帰仁城の石垣は、「おもろそうし」という沖縄を代表する古謡に「聞え 今帰仁 百曲がり 積み上げて」と謡われている。

今帰仁城の正門である平郎門《へいろう》。現在の門は、1962（昭和37）年に修復したもの。左右に敵を攻撃するための狭間《さま》を設け、門の天井には大きな一枚岩がのせてある。

ている。

曲線の石垣が圧巻の今帰仁城

今帰仁城は、南北約350メートル、東西約800メートル、面積約3万7000平方メートルと、首里城に次ぐ規模を誇るグスクであった。

13世紀ごろの築城とされ、7つの曲輪《くるわ》からなった。堅牢なつくりの石垣の城壁が、今帰仁城の最大の特徴で、全長1・5キロにわたって城を囲んでいた。その圧巻の石垣は、グスクの特徴であるカーブを描く様子がとてもよくわかる。

グスクに接して本来は城下集落があり、都市機能も備えていた。

座喜味城名物のくさび石をはめ込んだアーチ門。くさび石は、アーチ状になる部分の補強になる。

曲線を描く座喜味城の石垣。この曲線は、石垣を強固なものにするためのくふうであった。

アーチ門が残る座喜味城

座喜味城は琉球王国で築城名人と名高かった護《ご》佐《さ》丸《まる》によって、15世紀に築かれた城。見どころは、曲線を描く石垣と、アーチ門である。

2つの曲輪からなる構造だったが、その曲輪を囲む石垣は複雑にカーブを描いた。城壁がゆるやかに屈曲したことで、死角をなくした強力な守りの力を発揮できた。

アーチ門の上部の中央には、左右の隙間を埋めるための石が確認できる。これは「くさび石」といい、座喜味城だけにある特徴である。このくさび石を使った石門は、沖縄最古のものとされる。

仙台城《せんだい》（宮城県）

発見された政宗時代の石垣

関ヶ原合戦の翌年となる1601（慶長6）年に、伊達政宗が築城した伊達氏の居城。自然地形を利用した山城なので、石垣はやや少なめだが、本丸北面の石垣は最大高約17メートル、全長約179メートルにおよぶ壮大なもの。切り込みハギで横目地が揃った布積《ぬのづ》みが美しい。

1997年から2004年にかけて石垣の修復工事が行われ、現在見えている石垣の内部から政宗時代のものを含む古い時代の石垣が発見され話題となった。

本丸北面石垣

唐沢山城《からさわやま》（栃木県）

関東有数の「石垣の城」

下野《しもつけ》（栃木県）の名族・佐野氏の居城。一時期、後北条氏が支配したが、小田原攻め後、再び佐野氏の居城となった。関ヶ原合戦後、徳川家康の命で佐野氏は居城を移し、廃城となった。

関東の城にはめずらしい野面積《のづらづ》みを基調とする「石垣の城」で、天然の要害でもある堅城であった。山頂の本丸周辺には、高さ8メートルを超える見事な高石垣がそびえている。この高石垣は、豊臣政権の時代に改築されたものと考えられている。

また、本丸出入り口の石垣には鏡《かがみ》石《いし》を見ることもできる。石で組まれた直径8メートルの巨大井戸は、現在も水をたたえている。

本丸の高石垣

安土城《あづち》（滋賀県）

本格的な高石垣のルーツ

1576（天正4）年に織田信長が築城した、総石垣と天主を備えた城。山頂にそびえた天主を権力の頂点とし、その下層に家臣の屋敷や町家を置いた階層的な構造をもっていた。それは、のちの近世の城と城下町の関係の原型となった。

城で自己の権威と権力をアピールした信長は、高く積んだ石垣や、巨石を用いた石垣など、城の中枢部に圧倒的な技術力を注ぎ込み、権力を可視化した。昭和期以降に石垣の修理を行って積み直した部分もある。天主台と二の丸の石垣など主要部は野面積みで、築城当時の姿を残している。

天主台の石垣

彦根城《ひこね》（滋賀県）

登り石垣が残る

関ヶ原合戦後、井伊家が築いた城。築城は天下《てんか》普請《ぶしん》で行った。大坂城の豊臣氏に備えて築いたため、強力な軍事機能をもった。石垣は野面積みや打ち込みハギが混在し、天秤櫓《てんびんやぐら》の石垣は廊下端を境に東側が野面積み、西側が打ち込みハギという特徴をもっている。

文禄・慶長の役の際、日本の武将が現地で築城した倭城《わじょう》にみられる「登り石垣と竪堀《たてぼり》」という当時の最新軍事技術も用いた。これは上と下の曲輪《くるわ》をつないで、山の斜面に石垣と竪堀（山の斜面にタテに設けた堀）を築いたものである。

大手門の登り石垣（写真上段の石垣）

小《お》谷《だに》城（滋賀県）

浅井氏の悲劇を物語る石垣

近江の武将・浅井《あざい》氏の居城。小谷山の尾根を巧みに利用して築いた、直線的に曲輪《くるわ》が連なる城であった。信長に攻められて落城した際に炎上したとされていたが、その証拠は見つかっていない。

本丸を中心とする主郭部には随所に石垣が残り、最も北側にある山王《さんのう》丸の東側には、高さ5メートルの大石垣もある。城中でも、良好な保存状態を保った石垣である。また、各曲輪の出入り口にも石垣を用いた。

石垣は野面積みで、隅部は大小不揃いな石が直線的に積まれていて、反りはまだ見られない。浅井氏は、この石垣で戦国大名としての実力を誇示したと見られている。

伝大野木土佐守屋敷跡の石垣

竹《たけ》田《だ》城（兵庫県）

「天空の城」の石垣

但馬《たじま》国守護・山名氏の居城だったが、のちに豊臣秀吉の弟秀長やその家臣の居城となり、赤松氏が城主の時代に、豊臣政権によって総石垣づくりにされた。関ヶ原合戦後に廃城となったため、豊臣政権時代の石垣や縄張りの姿をそのままにとどめ、大手門、三の丸と続く出入り口の連続外枡形《そとますがた》も残っている。野面積みで積んだ石垣は、穴太衆《あのうしゅう》によるものとされる。

城下を流れる円《まる》山《やま》川から発生する川霧によって、雲海に石垣が浮かび上がるように見えることがしばしばあるため、「天空の城」や「日本のマチュピチュ」と呼ばれ、絶景の城としても知られる。

本丸と天守台石垣

姫路《ひめじ》城（兵庫県）

世界遺産に指定された重層的な石垣

播磨《はりま》国の領主、小寺氏の城だったが、のちに豊臣秀吉の居城となり、池田氏、本多氏、酒井氏などが相次いで城主となった。遺構がよく残り、天守や櫓、門などの建造物の多くが国宝・重要文化財に指定されている。石垣はその築造時期によって区分される。最も古いのは秀吉の時期で、石垣は野面積みで、石垣の隅部の算木積みは未発達である。墓石などの転用石も見られる。

時期が新しくなると打ち込みハギの石垣となり、完成した算木積みも見られる。さらに新しい箇所には切り込みハギの石垣も確認できる。

はの門の石垣

若桜鬼ヶ《わかさおにが》城（鳥取県）

人為的に石垣を破壊した痕跡

標高452メートルの鶴尾山に築いた山城。鎌倉時代、梶原景時《かじわらかげとき》一族を討ち取った矢部暉種《やべあきたね》が築城したとされ、代々因幡《いなば》矢部氏が居城とした。豊臣秀吉の因幡平定後は木下氏・山崎氏が入り、その後元和《げんな》の一国一城令で廃城となった。

若桜鬼ヶ城の石垣は、打ち込みハギを中心とした総石垣づくり。秀吉政権期に、整備されたと推定される。

織豊《しょくほう》期の山城の典型的な姿を見ることができる山城である。なお、石垣は廃城の際に人為的に破壊した痕跡「破城」が認められる。

本丸の石垣

津《つ》和《わ》野《の》城（島根県）

完存する総石垣の威容

鎌倉時代、元寇《げんこう》に備えて西国に派遣された吉見《よしみ》頼行《よりゆき》が築城。以後吉見氏14代の居城となったとされる。関ヶ原合戦後に入城した坂崎《さかざき》出羽守《でわのかみ》直盛《なおもり》が大改築を施し、総石垣の近世城郭へと生まれ変わった。現在の遺構の大部分はこのときのもの。のちに坂崎氏は改易となり、以後は明治まで亀井氏の居城となった。

打ち込みハギを中心とする全曲輪の石垣はほぼ完存し、その雄大な姿を見ることができる。中でも人質櫓の高石垣は、反りのある隅部が左右対称にそびえ、圧巻。城の中枢部だけでなく、尾根沿いに240メートルほど離れた出《で》丸《まる》にも石垣が残る。

人質櫓の高石垣

丸《まる》亀《がめ》城（香川県）

高い水準の高石垣

高石垣で知られる丸亀城は、信長・秀吉に仕えた生駒親正《いこまちかまさ》・一正《かずまさ》父子が築城。のちに一国一城令では廃城となったが、山崎家治《やまさきいえはる》が幕府の許可を得て再築。その後、京極《きょうごく》氏の居城となった。

打ち込みハギの布積みで積まれ、扇の勾配をもつ現在の高石垣は、山崎氏時代のもの。ほかにも、巨大な鏡石や、石垣拡張の痕跡、排水口など見どころは多い。

また、石垣の膨らんでしまった箇所を保護するため、外側に新たな石垣を築いて補強した「ハバキ石垣（本丸西側）」など、城郭石垣における非常に高い水準の技術を確認することができる。

三の丸の高石垣

伊予松山《いよまつやま》城（愛媛県）

石垣に残る文禄・慶長の役の痕跡

賤ヶ岳《しずがたけ》七本槍の一人である加藤嘉明《かとうよしあき》の築城。石垣のほとんどは、この時代に築いたとされる。その後は蒲生《がもう》氏を経て、久松松平氏が居城とした。

勝山山頂に本丸がおかれ、山麓に二之丸、三之丸、北曲輪、東曲輪を配した平山城。山麓の二之丸と山頂の本丸の間を、山の斜面を登る石垣で連結させる「登り石垣」が見られる。加藤嘉明が文禄・慶長の役の際に習得した石垣技術を用いた。

連続した本丸の石垣

門などの一部に切り込みハギの石垣が見えるが、石垣の大半は打ち込みハギ。本丸を取り囲む屏風折れの石垣も打ち込みハギで、高さ14メートルを超える。

中津《なかつ》城（大分県）

石垣の継ぎ目が語る城主の変遷

豊前《ぶぜん》国を与えられた黒田孝高《よしたか》が築城をはじめ、のちに細川氏、小笠原氏、奥平氏が入った。

石垣の大半は野面積み。本丸南側の石垣は、隅には反りがなく直線的だが、石垣の壁面は中央がやや窪むように緩やかに湾曲している。これは石垣を崩れにくくする「輪どり」と呼ばれる技術であった。本丸上段北面には、黒田時代の石垣に細川時代の石垣を継いだ継ぎ目が見られる。黒田時代の石垣は、近在していた7世紀の城（唐原山《とうばるさん》城）の石を再利用したので、成形された石となっていた。一方、細川時代に積まれた部分は自然石を使用した。

本丸上段北面の石垣に見られる継ぎ目（中津大神宮所有）

盛岡《もりおか》城（岩手県）

東北では稀有な総石垣の城

旧北上川と中津川の、合流点に築いた平山城。南部《なんぶ》信直《のぶなお》が築城。１６３３（寛永10）年に城に移った。

東北地方では珍しい総石垣の城で、打ち込みハギの布積みの石垣が多い。丘陵の上に設けた本丸などを含む内曲輪は、豊臣大坂城に似た構造となっている。修築工事がたびたび行われ、構築年代によって石垣の姿も異なった。

山形《やまがた》城（山形県）

本丸石垣が近年復元された

室町時代初期に築城され、戦国時代に入り最上《もがみ》義光《よしみつ》が城郭の拡大工事を行い、三ノ丸を含む現在の城域を整備した。当時は土塁のみで石垣をもたない城だったが、最上氏が改易となった後に入部した鳥居《とりい》忠政《ただまさ》が石垣づくりの城に改修。

本丸跡は陸軍に埋め立てられたが、近年、発掘復元工事が進んでいる。二ノ丸の石垣は現存し、打ち込みハギの高石垣や算木積みが見られる。

久保田《くぼた》城（秋田県）

城の要所に石垣を用いた

関ヶ原合戦の後、佐竹義宣《さたけよしのぶ》が築城。明治まで佐竹氏の居城だった。城内の大部分は土塁によって守っていたため、土づくりの城というイメージがあるが、一部に石垣を用いた。本丸表門周辺や長坂など、石垣を城の重要地点に効果的に用いた例である。長坂両脇には、土塁の基底部に２～３段積んだ腰巻石垣が残る。切石で整然と積んだ布積みである。

二本松《にほんまつ》城（福島県）

10メートルの高石垣

畠山氏が居を構え、二本松氏が築城。その後、上杉氏、加藤氏などを経て丹羽氏の居城となり明治を迎えた。加藤氏の時代に整備が進み、石垣を多用した現在の城の形ができた。標高３４５メートルの白旗が峰に築いた本丸と、麓の居館周辺は、ともに最高10メートルに及ぶ高石垣で囲んだ。また、本丸の南には野面積みとしては珍しい、高さ13メートルの高石垣を見ることができる。

村上《むらかみ》城（新潟県）

土の城と石垣の城の両方が残る

越後北部に勢力を張る本庄氏の居城。その後に入城した村上氏、そして堀氏によって近世城郭へとつくり替えられた。江戸時代に築いた山城の石垣がよく残る。野面積みと打ち込みハギの石垣が混在している。

２０００（平成12）年からは、石垣の修復工事が進められている。山腹には戦国末期の土づくりの城の遺構がよく残る。

八王子《はちおうじ》城（東京都）

北条氏照の居館跡の石垣

後北条氏の北条氏照《ほうじょううじてる》の築城。豊臣秀吉の小田原攻めの際、前田利家・上杉景勝《うえすぎかげかつ》軍に攻められて落城した。関東屈指の規模と堅牢さをほこり、山城ながら野面積みの石垣を多用した城だった。現在、氏照の居館があったとされる御主殿《ごしゅでん》地区の石垣と出入り口などの通路、御主殿に続く古道を整備しているが、橋の復元をまちがえていて残念な史跡になっている。

金山《かなやま》城（群馬県）

壇状に連なる石垣

標高２３９メートルの金山山頂に築いた実城《みじょう》（本丸に相当）を中心に、四方に延びる尾根上に西城《にしじょう》・北城《きたじょう》（坂中《さかなか》・北曲輪）・八王子山の砦を配置した。後北条氏の城で、豊臣秀吉の小田原攻めの際に落城し、廃城となった。本格的な打ち込みハギの石垣や石敷きを多用したのが特徴。特に大手口を入っていくと、壇状に積んだ打ち込みハギの石垣が両サイドにそびえ、非常に迫力がある。

小田原《おだわら》城（神奈川県）

震災で崩れた石垣の修復が進む

後北条氏の居城であり、関東随一の広さ、堅固さをほこる。豊臣秀吉の小田原攻めに備え、全長9キロメートルに及ぶ土塁と空堀で構成された惣《そう》構《がま》えも設けた。現在の総石垣の城になったのは１６３２（寛永９）年に始まった大改修後。関東大震災で石垣はほぼ崩壊し、その後修復が進んだ。本丸を囲む、土塁の上部に石垣を置いた「鉢巻《はちまき》石垣」の石が、崩落した場所にそのまま残る。

甲府城《こうふ》（山梨県）

豊臣政権時代の石垣が現存

武田家滅亡後、甲斐国を支配した徳川家康が築城を計画したが実現しなかったとする説がある。豊臣政権時代に、秀吉の命を受けた羽柴秀勝《はしばひでかつ》、加《か》藤光泰《とうみつやす》らが築城を開始し、浅野長政《あさのながまさ》・幸長《ゆきなが》父子が完成させた。関ヶ原合戦後は徳川家の城となった。現在、遺構として残る石垣は、野面積み、打ち込みハギ、切り込みハギが混在し、豊臣政権時代の築造と考えられる。

七尾城《ななお》（石川県）

野面積みの石垣がよく残る

もとは能登守護の畠山氏の居城で、上杉氏の手を経て、前田利家が入城。大規模な改修工事を施した。

標高300メートルの山頂部を中心に尾根筋に多数の曲輪を設けた。本丸から三の丸にいたる主郭には野面積みの石垣がよく残る。大型石材を集中した高石垣は、利家以降の前田氏による改修である。

小諸城《こもろ》（長野県）

全国的に珍しい焼石の石垣

武田信玄が築城し、武田家滅亡後は徳川家康が入ったが、後北条氏滅亡にともない家康が関東に移封。小諸城には秀吉家臣の仙石秀久《せんごくひでひさ》が入り、近世城郭に改修した。織豊期の面影を残す唯一の遺構は、本丸北西部に位置する天守台の石垣。ひときわ大きな自然石を積んだ野面積みの石垣で、高さは約6メートル。浅間山の噴火で噴出した自然石（焼石《やけいし》）を使用している箇所もある。

岩村城《いわむら》（岐阜県）

天険の山上に築いた石垣

大和の高取城《たかとり》、備中松山城《びっちゅうまつやま》と並ぶ日本三大山城の一つ。標高717メートル、高低差180メートルの天険《てんけん》の地形を利用し、壮大な石垣をほこる要害堅固な山城。永く遠山氏が城主だったが、武田氏や織田氏の侵攻でたびたび戦場となり、「女城主」の伝説も残る。本丸北東の石垣は整った切り込みハギの石垣で、雛壇状の段石垣となっていたため、「六段壁」と呼んだ。

犬山《いぬやま》城（愛知県）

野面積みの天守台石垣

織田信長の叔父信康の築城と伝わる平山城。現存する天守は国宝だが、成立年代には諸説ある。少なくとも3重目の望楼は江戸時代の増築だった。城主はめまぐるしく変遷したが、１６１７（元和3）年、尾張藩付家老の成瀬氏が城主となり、以降は明治まで続いた。天守台の高さ5メートルの石垣は野面積みで、隅部には算木積みの特徴が見られるが、築造の時期は明らかではない。

伊賀上野《いがうえの》城（三重県）

高さ約30メートルの高石垣

１５８５（天正13）年に筒井定次《つついさだつぐ》が近世城郭としての伊賀上野城を築いた。その後、藤堂高虎《とうどうたかとら》が入り、１６１１（慶長16）年、本丸を西に拡張して、高石垣を築いた。大坂城の豊臣氏に対抗するための拡張工事であった。打ち込みハギで築いた高石垣は、本丸の北・西・南の三方を囲い、全長３６８メートル。高さは最下部の根石から最上部の天端石《てんばいし》まで29・7メートルの高さをほこる。

近江八幡山《おうみはちまんやま》城（滋賀県）

算木積みが見られる総石垣造り

安土城に代わり近江の「豊臣政権の城」として、豊臣秀吉の甥秀次が築城。城は瑞龍寺《ずいりゅうじ》が建つ山城と、尾根に挟まれた谷に建つ居館を結びつけた織豊期の先進的な城郭の構造となっていた。山城部分は野面積みを基本とした総石垣づくりで、各曲輪の高石垣の角（隅）部分には算木積みが見られるほか、出入り口には打ち込みハギに近い石垣がよく残っている。

大和郡山《やまとこおりやま》城（奈良県）

豊臣時代の礎石が発見された

豊臣秀吉の弟秀長が１５８５（天正13）年、大和・紀伊・和泉など１００万石の領主となり、その没後は養子の秀保、次いで増田長盛《ましたながもり》が城主となった。近年、野面積みで積んだ天守台石垣の調査を行い、秀長が建てた天守の礎石を見つけた。付櫓《つけやぐら》と天守が一体となった壮大な複合天守があった。転用石（１１３ページ）を多用したことでも有名。

高取《たかとり》城（奈良県）

苔むした石垣が残る総石垣づくりの城

標高５８３メートルの山上に築いた山城。南北朝期に築いたが、戦国期に織田信長がいったん廃城に。その後、豊臣秀長家臣の本多利久《ほんだとしひさ》が石垣の城に改修した。約10メートルの石垣に囲まれた本丸のほか、城の主郭部分は野面積みと打ち込みハギが混じる総石垣づくりで、苔むした風情ある石垣が残る。本丸の天守台石垣は、隅部の算木積みが特徴的。

明石《あかし》城（兵庫県）

石垣が整備され景観が向上

信濃松本藩主の小笠原忠真《おがさわらただざね》が移封となり、新たな居城として築城。その後、越前松平家の直明《なおあきら》が藩主となり、以後明治維新まで続いた。現存する石垣は打ち込みハギで、布積みと乱積みの箇所がある。高さが約20メートル、２つの櫓を含む東西の長さが約３８０メートルに及ぶ。近年、石垣上に繁茂した樹木の根が石垣に入り込み崩壊の危険が指摘され、伐採を行った。

篠山《ささやま》城（兵庫県）

犬走から伸びた17メートルの石垣

１６０９（慶長14）年、大坂城ににらみを利かすため、天下普請《てんかぶしん》により築城。徳川家康は松平康重《まつだいらやすしげ》を城主として縄張りは藤堂高虎、普請奉行は池田輝政《いけだてるまさ》を任じた。堅固な石垣・城門・多重堀・馬出しなどを備え、本丸には天守台を築いたが、大天守はつくらなかった。天守台は、下部に設けた広い犬走《いぬばしり》（通路）から17メートルの打ち込みハギの高石垣で、扇の勾配が美しい。

感状山《かんじょうさん》城（兵庫県）

発掘調査で礎石が見つかった

城名は南北朝時代、赤松則祐《あかまつそくゆう》が戦の功績で足利尊氏《あしかがたかうじ》から感状を授かったことに由来した。標高３００メートルの山の尾根上に築いた山城。野面積みの石垣や建物跡・礎石、井戸跡などの遺構が比較的よく残る。山頂部の主郭は総石垣づくりで、戦国期の石垣であった。発掘調査によって多くの建物群を発見。山頂からは礎石を見つけて、本丸御殿があったと推測している。

備中松山城《びっちゅうまつやま》（岡山県）

野面積みの石垣が多く現存

４つの峰によって構成される臥牛山《がぎゅうざん》の峰の一つ、標高４３０メートルの小松山《こまつやま》山頂を中心に築いた山城。現在の姿になったのは、17世紀後半の水谷氏が藩主の時代と思われる。野面積みの石垣のほか、天守、二重櫓、土塀の一部が現存する。大手門跡の後方の巨岩と厩《うまや》曲輪の石垣が目を引くが、巨岩の割れ目から生えた樹木が成長して石垣が崩落する危険があり、調査が進んでいる。

今治《いまばり》城（愛媛県）

主郭と内堀の石垣が現存

関ヶ原合戦の戦功で伊予20万石を得た藤堂高虎が、瀬戸内海を望む海岸に築いた城。讃岐高松城、豊前中津城とともに日本三大水城と呼ぶ。藤堂家の移封後は、久松松平家の居城となった。明治維新後に建物のほとんどは破却したが、主郭部を囲む野面積みの総石垣と内堀は、一部に改修が施されているものの基本的には現存。天守が存在したかどうかについては、見解が分かれる。

大野《おおの》城（福岡県）

全長180メートルの百間石垣

福岡県の太宰府市・大野城市・糟屋郡宇美町にまたがる大城山《おおきやま》に築いた、古代の朝鮮式山城。白《はく》村江《そんこう》の戦いで唐・新羅連合軍に大敗を喫した大和朝廷が、筑紫防衛のために築城した。

土塁と石垣の総延長は８キロメートル。土塁の随所に、花崗《かこう》岩の自然石を積んだ素朴な石垣を用いている。特に全長約１８０メートルの百間《ひゃっけん》石垣は著名。

延岡《のべおか》城（宮崎県）

圧倒的な高石垣の城

筑前の戦国大名・高橋元種《もとたね》が、豊臣秀吉の命で築城。江戸時代中期以降は内藤氏が城主となり明治に至った。城内でもっとも目を引くのは、二ノ丸広場にそびえる打ち込みハギの高石垣で、扇の勾配が見事。石垣の基底部にある石を外して石を崩落させ、１０００人の敵を倒すことができるという「千人殺しの石垣」は近代以降成立の言説で、史実ではない。

本書で紹介した石垣の城と関連遺跡マップ

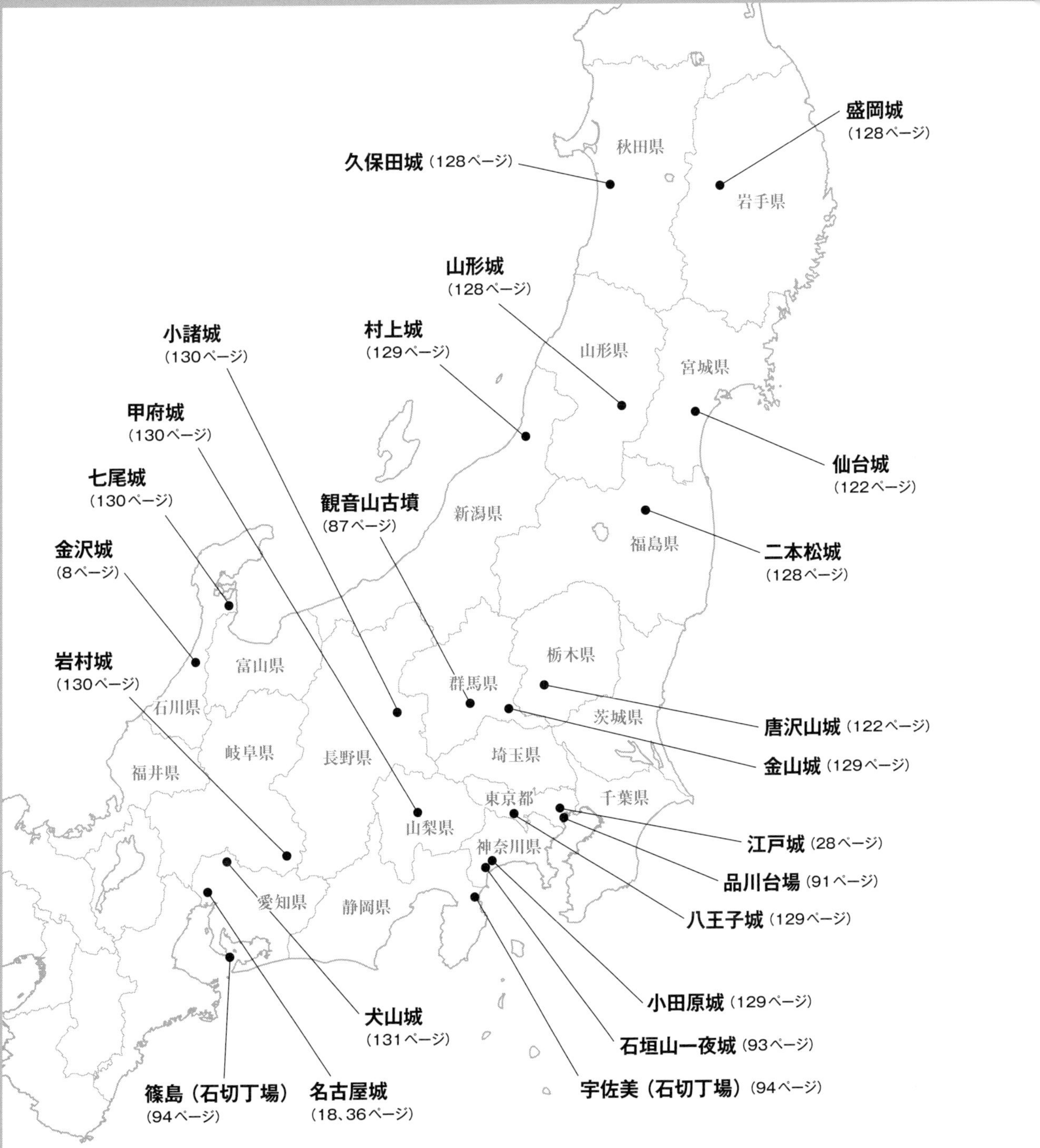

盛岡城
(128ページ)
秋田県
久保田城 (128ページ)
岩手県
山形城
(128ページ)
小諸城
(130ページ)
村上城
(129ページ)
山形県
宮城県
甲府城
(130ページ)
仙台城
(122ページ)
七尾城
(130ページ)
観音山古墳
(87ページ)
新潟県
福島県
二本松城
(128ページ)
金沢城
(8ページ)
栃木県
岩村城
(130ページ)
富山県
群馬県
石川県
唐沢山城 (122ページ)
茨城県
岐阜県
長野県
埼玉県
金山城 (129ページ)
福井県
東京都
千葉県
山梨県
江戸城 (28ページ)
神奈川県
品川台場 (91ページ)
愛知県
静岡県
八王子城 (129ページ)
小田原城 (129ページ)
犬山城
(131ページ)
石垣山一夜城 (93ページ)
宇佐美（石切丁場）(94ページ)
篠島（石切丁場）
(94ページ)
名古屋城
(18、36ページ)

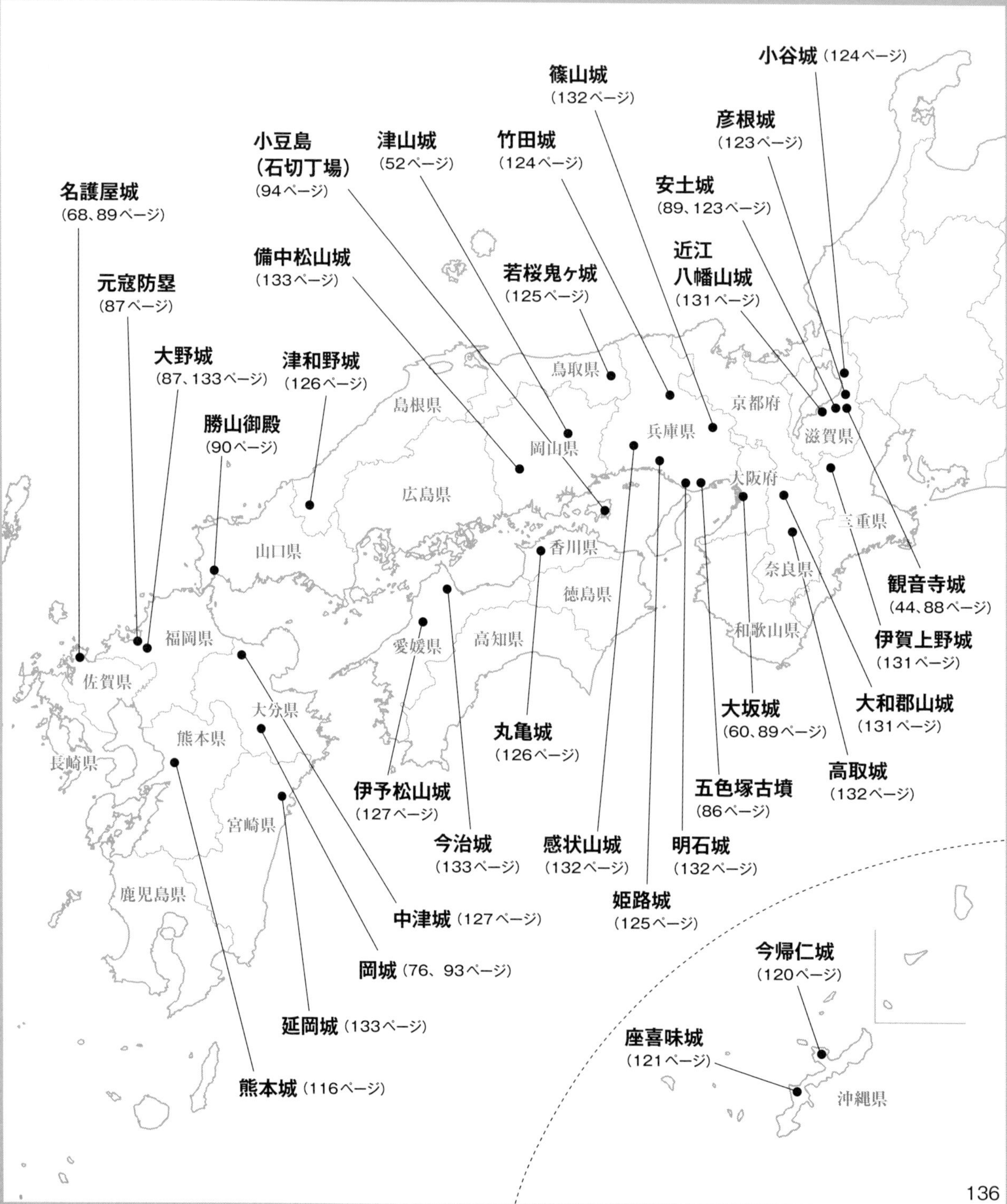

小谷城（124ページ）
篠山城
（132ページ）
彦根城
（123ページ）
小豆島
（石切丁場）
（94ページ）
津山城
（52ページ）
竹田城
（124ページ）
安土城
（89、123ページ）
名護屋城
（68、89ページ）
備中松山城
（133ページ）
若桜鬼ヶ城
（125ページ）
近江
八幡山城
（131ページ）
元寇防塁
（87ページ）
大野城
（87、133ページ）
津和野城
（126ページ）
勝山御殿
（90ページ）
鳥取県
島根県
京都府
兵庫県
岡山県
滋賀県
広島県
大阪府
三重県
山口県
香川県
奈良県
徳島県
観音寺城
（44、88ページ）
福岡県
愛媛県
高知県
和歌山県
伊賀上野城
（131ページ）
佐賀県
大分県
大和郡山城
（131ページ）
熊本県
丸亀城
（126ページ）
大坂城
（60、89ページ）
長崎県
高取城
（132ページ）
伊予松山城
（127ページ）
五色塚古墳
（86ページ）
宮崎県
今治城
（133ページ）
感状山城
（132ページ）
明石城
（132ページ）
鹿児島県
姫路城
（125ページ）
中津城（127ページ）
今帰仁城
（120ページ）
岡城（76、93ページ）
延岡城（133ページ）
座喜味城
（121ページ）
沖縄県
熊本城（116ページ）

本書で紹介した城のアクセス

お出かけの際は必ず事前に最新の情報をご確認ください。
山城によっては登山並みの装備が必要ですので、ご注意ください。

●**金沢城**（石川県・8ページ）
JR北陸本線・北陸新幹線「金沢駅」からバス15分、徒歩5分

●**江戸城**（東京都・28ページ）
皇居東御苑（本丸・二の丸・三の丸の一部）大手門：地下鉄各線「大手町駅」から徒歩5分／平川門・北桔橋門：地下鉄東西線「竹橋駅」から徒歩5分

●**名古屋城**（愛知県・36ページ）
地下鉄名城線「市役所駅」から徒歩5分

●**観音寺城**（滋賀県・44ページ）
JR琵琶湖線「安土駅」から車30分、観音正寺を経由して徒歩30分

●**津山城**（岡山県・52ページ）
JR津山線「津山駅」から徒歩15分

●**大坂城**（大阪府・60ページ）
JR大阪環状線「大阪城公園駅」「森ノ宮駅」から徒歩15分／地下鉄谷町線・地下鉄中央線「谷町四丁目駅」から徒歩15分

●**名護屋城**（佐賀県・68ページ）
JR唐津線「西唐津駅」からバス40分、徒歩5分

●**岡城**（大分県・76ページ）
JR豊肥本線「豊後竹田駅」から車5分

●**仙台城**（宮城県・122ページ）
JR東北本線・東北新幹線「仙台駅」からバス20分

●**唐沢山城**（栃木県・122ページ）
東武佐野線「田沼駅」から車10分

●**安土城**（滋賀県・123ページ）
JR琵琶湖線「安土駅」から徒歩25分

●**彦根城**（滋賀県・123ページ）
JR琵琶湖線・近江鉄道「彦根駅」から徒歩15分

●**小谷城**（滋賀県・124ページ）
JR北陸本線「河毛駅」から車15分、徒歩30分（麓からシャトルバス運行の日もあり）

●**竹田城**（兵庫県・124ページ）
JR播但線「竹田駅」からバス20分、徒歩20分

●**姫路城**（兵庫県・125ページ）
JR山陽本線・山陽新幹線「姫路駅」、山陽電鉄本線「山陽姫路駅」から徒歩20分

●**若桜鬼ヶ城**（鳥取県・125ページ）
若桜鉄道「若桜駅」から車15分、徒歩10分

●**津和野城**（島根県・126ページ）
JR山口線「津和野駅」から車5分、リフト5分、徒歩15分

●**丸亀城**（香川県・126ページ）
JR予讃線「丸亀駅」から徒歩10分

●**伊予松山城**（愛媛県・127ページ）
JR予讃線「松山駅」から市内電車10分、徒歩5分

●**中津城**（大分県・127ページ）
JR日豊本線「中津駅」から徒歩15分

●**盛岡城**（岩手県・128ページ）
JR東北本線・東北新幹線「盛岡駅」からバス6分

●**久保田城**（秋田県・128ページ）
JR奥羽本線・秋田新幹線「秋田駅」から徒歩10分

●**山形城**（山形県・128ページ）
JR奥羽本線・山形新幹線「山形駅」から徒歩10分

●**二本松城**（福島県・128ページ）
JR東北本線「二本松駅」から徒歩20分

●**村上城**（新潟県・129ページ）
JR羽越本線「村上駅」から車5分の登城口から徒歩20分

●**金山城**（群馬県・129ページ）
東武伊勢崎線「太田駅」から車7分の史跡金山城跡ガイダンス施設から徒歩30分

●**八王子城**（東京都・129ページ）
JR中央本線・京王線「高尾駅」からバス5分、徒歩15分（土日祝のみ「八王子城跡行き」バスが運行、下車すぐ）

●**小田原城**（神奈川県・129ページ）
JR東海道本線・東海道新幹線・小田急小田原線「小田原駅」から徒歩10分

●**甲府城**（山梨県・130ページ）
JR中央本線「甲府駅」から徒歩2分

●**小諸城**（長野県・130ページ）
JR小海線・しなの鉄道「小諸駅」から徒歩すぐ

●**七尾城**（石川県・130ページ）
JR七尾線「七尾駅」から車15分

●**岩村城**（岐阜県・130ページ）
明知鉄道「岩村駅」からタクシー10分、徒歩5分

●**犬山城**（愛知県・131ページ）
名鉄犬山線「犬山遊園駅」から徒歩15分

●**近江八幡山城**（滋賀県・131ページ）
JR琵琶湖線・近江鉄道「近江八幡駅」からバス7分、徒歩5分、ロープウェイ4分

●**伊賀上野城**（三重県・131ページ）
伊賀鉄道伊賀線「上野市駅」から徒歩8分

●**大和郡山城**（奈良県・131ページ）
近鉄橿原線「近鉄郡山駅」から徒歩10分

●**高取城**（奈良県・132ページ）
近鉄吉野線「壺阪山駅」からタクシー15分

●**篠山城**（兵庫県・132ページ）
JR福知山線「篠山口駅」からバス15分、徒歩5分

●**明石城**（兵庫県・132ページ）
JR神戸線「明石駅」・山陽電鉄本線「山陽明石駅」から徒歩5分

●**感状山城**（兵庫県・132ページ）
JR山陽本線・山陽新幹線「相生駅」からバス15分、徒歩20分の登山口から徒歩40分

●**備中松山城**（岡山県・133ページ）
JR伯備線「備中高梁駅」からタクシー10分、徒歩20分

●**今治城**（愛媛県・133ページ）
JR予讃線「今治駅」からバス10分

●**大野城**（福岡県・133ページ）
西鉄太宰府線「太宰府駅」から車15分（百間石垣まで）

●**延岡城**（宮崎県・133ページ）
JR日豊本線「延岡駅」からバス10分、徒歩5分

石築地（いしついじ）――86
打ち込みハギ（うちこみはぎ）
――4,71,80,94,102,104
裏込石（うらごめいし）――100,102
扇の勾配（おうぎのこうばい）――58,108
落とし積み（おとしづみ）――80,107

か

飼石（かいいし）――101,102
鏡石（かがみいし）――12,30,43,66,112
懸造り（かけづくり）――49,78
重ね積み（かさねづみ）
――6,71,72,110,116
かまぼこ石――82
雁木（がんぎ）――84
亀甲積み（きっこうづみ）――107,118
切り込みハギ（きりこみはぎ）
――5,14,16,29,31,34,74,80,94,102,104,106,108,112
グスク（ぐすく）――50,118
刻印（こくいん）――13,19,20,37,38,40
腰巻石垣（こしまきいしがき）――35

さ

算木積み（さんぎづみ）
――6,11,12,14,34,71,72,110,116
残念石（ざんねんいし）――96
色紙短冊積み（しきしたんざくづみ）――14
織豊系城郭（しょくほうけいじょうかく）
――13,14,114
すだれ仕上げ（すだれしあげ）――34,113
角脇石（すみわきいし）――13,110
戦国期拠点城郭
（せんごくききょてんじょうかく）――45,46

た

谷積み（たにづみ）――107
契り（ちぎり）――30,106,114,116
築石（つきいし）
――11,14,29,30,34,42,72,80,100
天下普請（てんかぶしん）28,37,61,88,95
天端石（てんばいし）――73,78,102
胴木（どうぎ）――100,103

な

布積み（ぬのづみ）
――4,14,42,63,92,106,118
根石（ねいし）――100
根古屋式（ねごやしき）――45
野面積み（のづらづみ）
――3,11,14,47,71,80,92,94,102,104,108,118

は

背面土（はいめんど）――102
鉢巻石垣（はちまきいしがき）――35
はつり仕上げ（はつりしあげ）――34,113
はね出し（はねだし）――91
一二三段（ひふみだん）――52,54,56

ま

間詰石（まづめいし）――11,14,101,102

や

矢穴（やあな）――96

ら

乱積み（らんづみ）――4,92,106

人名さくいん

あ

池田忠雄（いけだただかつ）――66
織田信長（おだのぶなが）
――10,48,88,95,123,124,131,132

か

加藤清正（かとうきよまさ）
――7,39,40,42,61,116
加藤忠広（かとうただひろ）――61,62,116
黒田長政（くろだながまさ）――40,43

さ

島津義弘（しまづよしひろ）――74

た

藤堂高虎（とうどうたかとら）
――62,64,131,132
徳川家光（とくがわいえみつ）――28,30,32
徳川家康（とくがわいえやす）
――28,30,32,37,40,42,57,74,130,132
徳川秀忠（とくがわひでただ）――28,30,32
豊臣秀吉（とよとみひでよし）
――68,70,72,129,130
豊臣秀頼（とよとみひでより）――40

な

中川久清（なかがわひさきよ）――82
中川秀成（なかがわひでなり）――77,78

は

畠山義続（はたけやまよしむね）――48

ま

前田綱紀（まえだつなのり）――14
前田利家（まえだとしいえ）――8,10,74
前田利常（まえだとしつね）――12,40,62
前田利長（まえだとしなが）――11
毛利元就（もうりもとなり）――48
森忠政（もりただまさ）――53

さくいん

城さくいん

あ

明石城（あかしじょう）——132
安土城（あづちじょう）——10, 46, 48, 88, 92, 103, 123
伊賀上野城（いがうえのじょう）—109, 131
石垣山一夜城（いしがきやまいちやじょう）——93
石田城（いしだじょう）——90
糸数城（いとかずじょう）——119
犬山城（いぬやまじょう）——131
今治城（いまばりじょう）——133
伊予松山城（いよまつやまじょう）——127
岩村城（いわむらじょう）——130
江戸城（えどじょう）——5, 28, 30, 34, 72, 84, 94, 98, 105, 113
近江八幡山城（おうみはちまんやまじょう）——131
大坂城（おおさかじょう）——60, 62, 64, 66, 88, 94, 96, 111, 112
大野城（おおのじょう）——87, 133
岡城（おかじょう）——76, 78, 80, 82, 93, 107
小谷城（おだにじょう）——124
小田原城（おだわらじょう）——129
小脇館（おわきやかた）——46

か

勝山御殿（かつやまごてん）——90
金沢城（かなざわじょう）——8, 10, 13, 14, 16
金山城（かなやまじょう）——129
唐沢山城（からさわやまじょう）——122
感状山城（かんじょうさんじょう）——132
観音寺城（かんのんじじょう）——2, 44, 46, 48, 88
観音山古墳（かんのんやまこふん）——87
岐阜城（ぎふじょう）——10, 88
清須城（きよすじょう）——46
久保田城（くぼたじょう）——128
熊本城（くまもとじょう）——7, 56, 110, 116
甲府城（こうふじょう）——130
五色塚古墳（ごしきづかこふん）——86
小牧山城（こまきやまじょう）——10, 88
小諸城（こもろじょう）——130
五稜郭（ごりょうかく）——90

さ

座喜味城（ざきみじょう）——119, 121
篠山城（ささやまじょう）——132
品川台場（しながわだいば）——90
聚楽第（じゅらくてい）——74
勝瑞城（しょうずいじょう）——46
仙台城（せんだいじょう）——122

た

高取城（たかとりじょう）——132
竹田城（たけだじょう）——124
津山城（つやまじょう）——51, 52, 54, 56, 58, 84
津和野城（つわのじょう）——126

な

中津城（なかつじょう）——127, 133
今帰仁城（なきじんじょう）——119, 120
名古屋城（なごやじょう）——4, 18, 36, 38, 40, 42, 94
名護屋城（なごやじょう）——6, 68, 70, 72, 74, 80, 89, 111
七尾城（ななおじょう）——8, 10, 46, 130
二本松城（にほんまつじょう）——128
延岡城（のべおかじょう）——133

は

ハイデルベルク城——51
萩城（はぎじょう）——97, 109
八王子城（はちおうじじょう）——129
原城（はらじょう）——72
彦根城（ひこねじょう）——69, 123
備中松山城（びっちゅうまつやまじょう）——133
姫路城（ひめじじょう）——69, 113, 125
弘前城（ひろさきじょう）——114
福知山城（ふくちやまじょう）——113
福山城（ふくやまじょう）——90

ま

丸亀城（まるがめじょう）——6, 126
村上城（むらかみじょう）——129
盛岡城（もりおかじょう）——128

や

山形城（やまがたじょう）——128
大和郡山城（やまとこおりやまじょう）—131
吉田郡山城（よしだこおりやまじょう）—48

わ

若桜鬼ヶ城（わかさおにがじょう）——125
和田岬砲台（わだみさきほうだい）——90

城用語さくいん

あ

合坂（あいさか）——84
穴太衆（あのうしゅう）——92
石切丁場（いしきりちょうば）——62, 72, 94, 96, 98

｜編著者｜千田嘉博（せんだ　よしひろ）1963年、愛知県生まれ。城郭考古学者・大阪大学博士（文学）。名古屋市見晴台考古資料館 学芸員、国立歴史民俗博物館助教授などを経て、現在、奈良大学教授。中学生から城跡を歩きはじめ、日本と世界の城を研究している。文化財石垣保存技術協議会 評議会員、特別史跡熊本城跡保存活用委員会委員など、日本各地の城跡の調査と整備の委員を務めている。2015年に城郭の考古学的研究を新たに開拓し、その確立と発展に寄与したことにより、第28回濱田青陵賞を受賞。2016年にNHK大河ドラマ「真田丸」の真田丸城郭考証を務めた。主な著書に『織豊系城郭の形成』（東京大学出版会）、『戦国の城を歩く』（ちくま学芸文庫）、『信長の城』（岩波新書）など、監修書に『日本の城事典』（ナツメ社）などがある。

石垣《いしがき》の名城《めいじょう》　完全《かんぜん》ガイド

The New Fifties

2018年8月3日　第1刷発行
2023年2月6日　第3刷発行

編著者　千田《せんだ》嘉博《よしひろ》
発行者　鈴木章一
発行所　株式会社講談社
東京都文京区音羽二丁目12-21　郵便番号112-8001
電話　編集　03-5395-3560
販売　03-5395-4415
業務　03-5395-3615
印刷所　凸版印刷株式会社
製本所　株式会社若林製本工場

ISBN978-4-06-512617-2

N.D.C.521.823　139p　21cm